中等职业教育会计专业教材系列

基础会计

主　　编　林沛英
主　　审　冯小劳
编　　委　徐志娟　邓金梅　劳汉平
封面设计　刘洋先

四川大学出版社

特约编辑:石　璐
责任编辑:欧风偃
责任校对:邓燕萍
封面设计:原谋设计工作室
责任印制:王　炜

图书在版编目(CIP)数据

基础会计 / 林沛英主编. —成都：四川大学出版社，2014.9
ISBN 978-7-5614-8030-4

Ⅰ.①基… Ⅱ.①林… Ⅲ.①会计学-中等专业学校-教材 Ⅳ.①F230

中国版本图书馆 CIP 数据核字（2014）第 210111 号

书名　**基础会计**

主　　编	林沛英
出　　版	四川大学出版社
地　　址	成都市一环路南一段 24 号 (610065)
发　　行	四川大学出版社
书　　号	ISBN 978-7-5614-8030-4
印　　刷	四川五洲彩印有限责任公司
成品尺寸	185 mm×260 mm
印　　张	10.25
字　　数	245 千字
版　　次	2014 年 9 月第 1 版
印　　次	2020 年 1 月第 2 次印刷
定　　价	30.00 元

◆读者邮购本书,请与本社发行科联系。
电话:(028)85408408/(028)85401670/
(028)85408023　邮政编码:610065
◆本社图书如有印装质量问题,请
寄回出版社调换。
◆网址:http://press.scu.edu.cn

前　言

《基础会计》是会计专业的一门入门课程，也是中等职业教育经济管理类各专业的专业基础课。对于会计专业学生，进一步学习会计专业课程是最基本的要求；对于非会计专业学生，该书对完善经济管理方面的知识结构、增强经济管理能力起着重要作用，并为其将来从事会计工作打下坚实的基础。

《基础会计》除了要求掌握会计的基本理论、基本方法之外，更重要的是培养学生应用会计知识与技能的能力。我们尝试将“任务驱动教学法”灵活地应用于会计教学中，希望借助此书充分发挥任务驱动教学法的优势，突破传统中职会计教学的局限，达到较好的教学效果。“任务驱动法”教学的出发点是，抓住会计工作过程的特点，以任务为主线，以学生为主体，以教师为主导，通过学生自主完成“任务”的方式展开教学，让学生熟悉会计核算工作的必经环节和基本流程，掌握会计核算方法，用会计基本理论知识来指导会计核算工作，通过任务驱动增强实际动手能力，从而形成基础会计职业技能。

本教材在长期教学经验积累的基础上，以新准则为依据，坚持理论与实际相结合的原则，注重在学习理论知识的基础上重点培养学生的实践能力，从而实现中等职业教育的目标。遵循中职生的认知规律，我们通过大量例题展开对会计基本理论、基本方法的介绍，让学生灵活掌握基础会计的基本技能，旨在“养其根，俟其实”，以使他们在走上工作岗位后，能够将所学知识用得上、用得好，尽快适应本职工作的要求，为社会培养出合格的会计专业技能人才。

我们在编写过程中得到了相关部门特别是我校教务科和教育教学研究室的支持和帮助，在此表示谢意。

由于时间紧，编者水平有限，书中内容可能存在一些纰漏和不当之处，敬请读者批评指正。

编　者

2014 年 7 月

目　录

项目 1　会计工作的内容和流程

【主要任务内容】

任务 1.1　认识会计核算工作的内容

任务 1.2　认识会计工作的基本流程

【任务目标】

项目 1 主要阐述会计核算工作的内容和基本流程，通过对项目 1 的学习和探索，要求了解会计工作的内涵和工作流程，能够对会计工作有比较全面的认知。

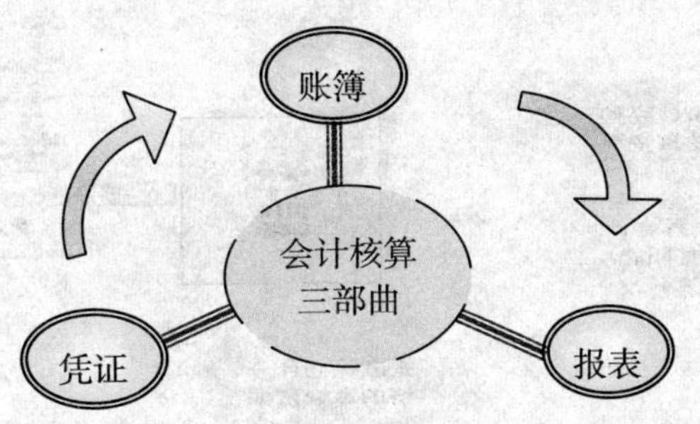

任务 1.1　认识会计核算工作的内容

【目标】　认识会计核算工作的内容，了解会计工作的内涵。

【能力】　掌握经济活动中的资金运动及资金形态变化过程。

一、会计工作的性质

会计是以货币为主要计量单位，以凭证为依据，采用专门的方法和程序，对企事业单位发生的经济交易或事项进行连续、系统、全面、综合地确认、计量、记录和报告，并向利益相关者提供会计信息的一种管理活动。

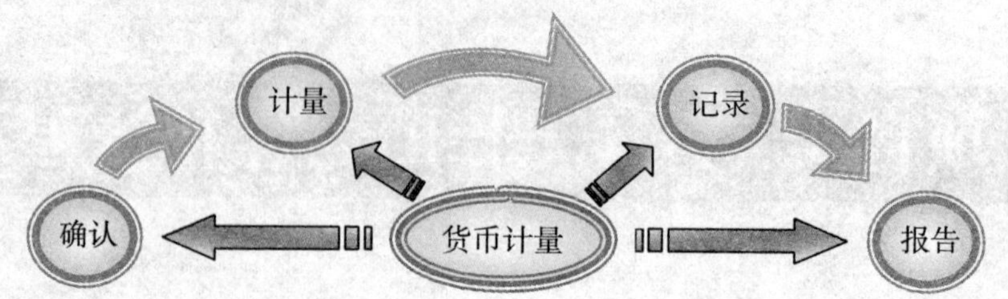

二、会计核算工作的形式和内容

会计核算工作的内容即会计工作的对象，会计的对象是指会计核算和监督的内容。会计的对象是再生产过程中的资金运动，即一个单位能够用货币表现的经济活动。

（一）核算工作的形式

会计核算工作是通过专门的方法和程序来反映资金运动的。

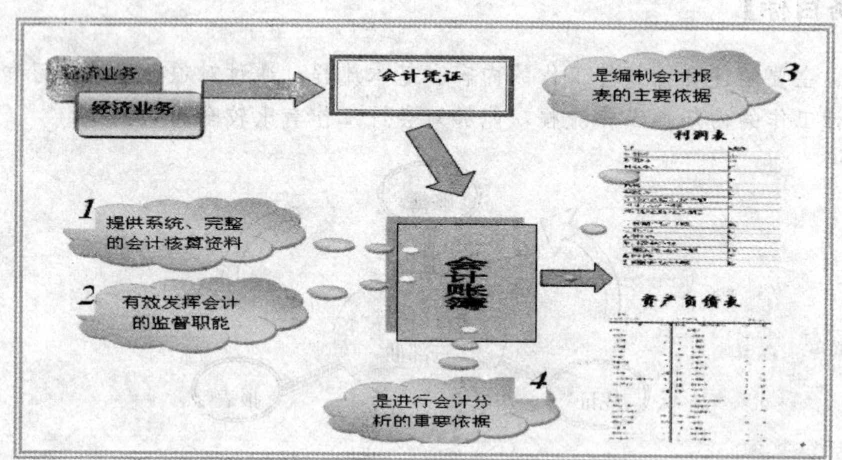

（二）核算工作的内容

工业企业的资金运动最具代表性，包括资金进入企业、资金在企业内部周转和资金退出企业三大部分。在本教材中以工业企业为例，介绍会计核算工作的内容。

工业企业是从事工业产品生产和销售的营利性经济组织。为了从事产品的生产与销售活动，企业必须拥有一定数量的资金，用于建造厂房、购买机器设备、购买材料、支付职工工资、支付经营管理中必要的开支等，生产出的产品经过销售后，收回的货款还要补偿生产中的垫付资金、偿还有关债务、上交有关税金等。

工业企业的资金运动包括资金投入、资金的循环与周转（包括供应过程、生产过程、销售过程三个阶段）以及资金退出三部分。参见图 1−1。

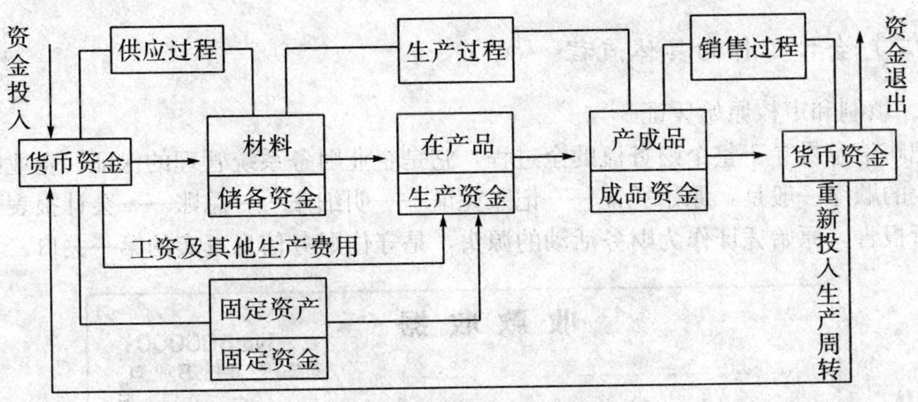

图1-1 工业企业的资金运动

思考：什么是会计对象？

任务1.2 认识会计工作的基本流程

【目标】 认识会计工作的基本流程。

【能力】 掌握会计的三大模块的内容及工作具体流程。

一、会计工作的基本流程

会计工作的基本流程，就是会计人员在会计期间内，按照国家规定的会计制度，运用一定的会计方法，遵循一定的会计步骤对经济数据进行记录、计算、汇总、报告，从编制会计凭证，登记会计账簿到形成会计报表的过程。通常，将这种依次发生、周而复始的以记录为主的会计处理过程称之为会计循环。

（一）会计的三大模块

从大体上来说，会计主要的工作流程分为三大模块：凭证模块、账簿模块、报表模块。

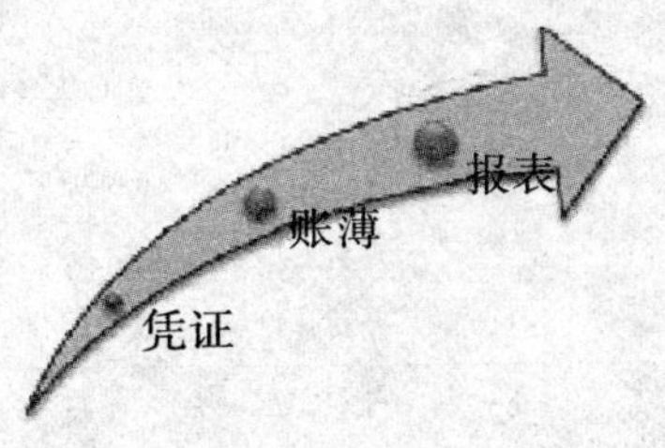

（二）会计工作的具体流程

1. 填制和审核原始凭证

记账信息贯穿于整个财务流的全过程，它是企业财务系统管理的保证。企业财务活动产生的顺序一般是：原始凭证——记账凭证——明细账——总账——会计报表——财务分析报告。原始凭证作为财务活动的源头，是守住财务信息真实的第一关口。

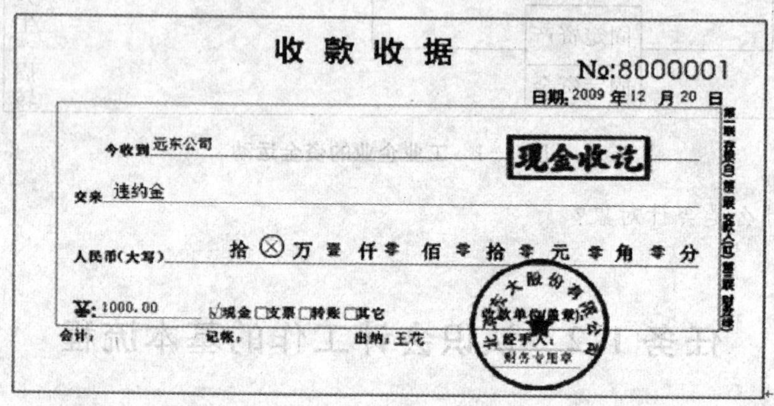
收款收据

№:8000001

日期 2009 年 12 月 20 日

今收到 远东公司

交来 违约金

人民币（大写） 拾 ⊗ 万 壹 仟 零 佰 零 拾 零 元 零 角 零 分

¥:1000.00 ☑现金 □支票 □转账 □其它

会计： 记帐： 出纳：王花 经手人：

现金收讫

2. 设置账户和复式记账

设置账户是对会计核算的具体内容进行分类核算和监督的一种专门方法。复式记账是指对所发生的每项经济业务，以相等的金额，同时在两个或两个以上相互联系的账户中进行登记的一种记账方法。

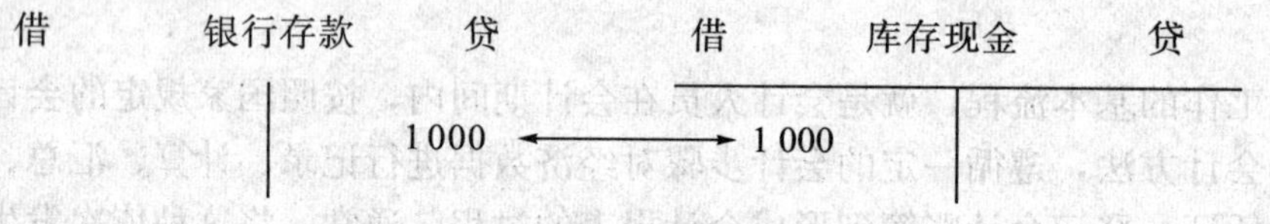

设置账户与复式记账图样

3. 填制和审核记账凭证

会计凭证是记录经济业务，明确经济责任，作为记账依据的书面证明。正确填制和审核会计凭证，是核算和监督经济活动财务收支的基础，是做好会计工作的前提。

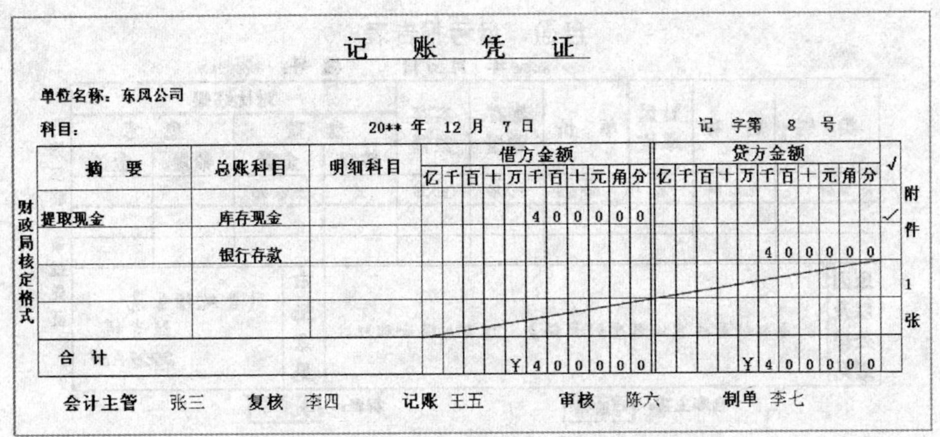

记 账 凭 证

单位名称：东风公司

科目：　　　　20** 年 12 月 7 日　　　　记 字第 8 号

摘要	总账科目	明细科目	借方金额	贷方金额	✓
提取现金	库存现金		400000		✓
	银行存款			400000	
合计			￥400000	￥400000	

财政局核定格式　　附件 1 张

会计主管 张三　复核 李四　记账 王五　审核 陈六　制单 李七

记账凭证图样

4. 登记会计账簿

登记会计账簿简称记账，是以审核无误的会计凭证为依据在账簿中分类，连续、完整地记录各项经济业务，以便为经济管理提供完整、系统的会计核算资料。账簿记录是重要的会计资料，是进行会计分析、会计检查的重要依据。

银行存款日记帐

12

2002年 月	日	凭证 字	号	摘要	对方科目	借方金额	贷方金额	余额	✓
6	16			承上页				26641500	
	19		20	收到投资利润	5201投资收益	8500000		35141500	
	21		23	支付银行借款利息	2191预提费用		108000	35033500	
	21		24	支付广告费	5501营业费用		1500000	33533500	

会计账簿图样

5. 成本计算

成本计算是按照一定对象归集和分配生产经营过程中发生的各种费用，以便确定该对象的总成本和单位成本的一种专门方法。产品成本是综合反映企业生产经营活动的一项重要指标。正确地进行成本计算，可以考核生产经营过程的费用支出水平，同时又是确定企业盈亏和制定产品价格的基础，并为企业进行经营决策提供重要数据。

6. 财产清查

财产清查是指通过盘点实物、核对账目，查明各项财产物资实有数额的一种专门方法。通过财产清查，可以提高会计记录的正确性，保证账实相符。同时，还可以查明各项财产物资的保管和使用情况以及各种结算款项的执行情况，以便对积压或损毁的物资和逾期未收到的款项，及时采取措施，进行清理并加强对财产物资的管理。

盘盈、盘亏报告表

2006年1月31日　　　编　号：06010101

<table>
<tr><th rowspan="3">类　别</th><th rowspan="3">名　称</th><th rowspan="3">计量单位</th><th rowspan="3">单　价</th><th rowspan="3">账存数量</th><th rowspan="3">实存数量</th><th colspan="4">对比结果</th></tr>
<tr><th colspan="2">盘　盈</th><th colspan="2">盘　亏</th></tr>
<tr><th>数量</th><th>金额</th><th>数量</th><th>金额</th></tr>
<tr><td>原材料</td><td>乙材料</td><td>kg</td><td>60.00</td><td>3000</td><td>3005</td><td>5</td><td>300.00</td><td></td><td></td></tr>
<tr><td></td><td></td><td></td><td></td><td></td><td></td><td></td><td></td><td></td><td></td></tr>
<tr><td></td><td></td><td></td><td></td><td></td><td></td><td></td><td></td><td></td><td></td></tr>
<tr><td>原因以及处理意见</td><td colspan="5">原材料属收发过程中计量误差，作自然溢余处理。</td><td>审批意见</td><td colspan="3">同意处理意见
刘贵祥
2006.1.31</td></tr>
</table>

第三联　审批凭证

仓库主管：邓晓静　　　制表：李雷生

财产清查报告单图样

7. 编制会计报表

编制会计报表是以特定表格的形式，定期并总括地反映企业、行政事业单位的经济活动情况和结果的一种专门方法。会计报表主要以账簿中的记录为依据，经过一定形式的加工整理而产生的一套完整的核算指标，是用来考核、分析财务计划和预算执行情况以及编制下期财务报表和预算的重要依据。

资　产　负　债　表

核算日期　11/09/06　　　月份　200611

编制单位：昆明西山正明计算机软件室　　　会企02表　　单位：元

资　产	行次	年初数	期末数	负债和所有者权益	行次	年初数	期末数
货币资金	1	119,400.00	436,370.00	短期借款	68	100,000.00	4,000.00
短期投资	2	0.00	0.00	应付账款	70	90,000.00	80,000.00
应收账款	6	92,000.00	84,240.00	预收帐款	71	0.0	0.00
其他应收款	7	5,000.00	0.00	应付工资	72	0.00	0.00
预付账款	8	0.00	0.00	应付福利费	73	30,360.00	34,760.00
存　货	10	703,680.00	570,230.00	应付股利	74	0.00	100,000.00
待摊费用	11	3,920.00	0.00	应交税金	75	41,300.00	193,190.52
流动资产合计	31	924,000.00	1,090,840.00	其他应交款	80	0.0	1,118.3
固定资产原价	39	638,000.00	744,000.00	其他应付款	81	0.00	0.00
减：累计折旧	40	298,740.00	273,240.00	预提费用	82	1,600.00	0.00
固定资产净值	41	339,260.00	470,760.00	流动负债合计	100	263,260.00	413,066.82
工程物资	44	0.00	0.00	股本	115	1,000,000.00	1,000,000.00
在建工程	45	0.00	0.00	盈余公积	119	0.00	31,879.98
固定资产清理	46	0.00	0.00	未分配利润	121	0.00	80,653.20
固定资产合计	50	339,260.00	470,760.00	所有者权益合计	122	1,000,000.00	1,112,533.18
资产总计	67	1,263,260.00	1,561,600.00	负债和所有者权益总计	135	1,263,260.00	1,525,600.00

企业负责人　　　会计主管　　　复核人　　　制表人

会计报表图样

二、各工作流程方法之间的关系

会计核算各工作流程之间相互联系、相互配合，构成了一个完整的核算体系。在经济业务发生时，首先根据经济业务的内容取得或填制会计凭证并加以审核；同时按照会

计科目对经济业务进行分类，并在账簿中开设账户，根据审核无误的记账凭证，运用复式记账法登记账簿；对生产经营过程中发生的各项费用，以及各种需要确定成本的经济业务进行成本计算，根据成本计算过程中的原始凭证，编制记账凭证并登记账簿；对凭证、账簿等会计记录进行财产清查，保证账簿记录的正确性；在账证、账账、账实相符的基础上，根据账簿记录编制会计报表。会计工作流程图，见图 1-2。

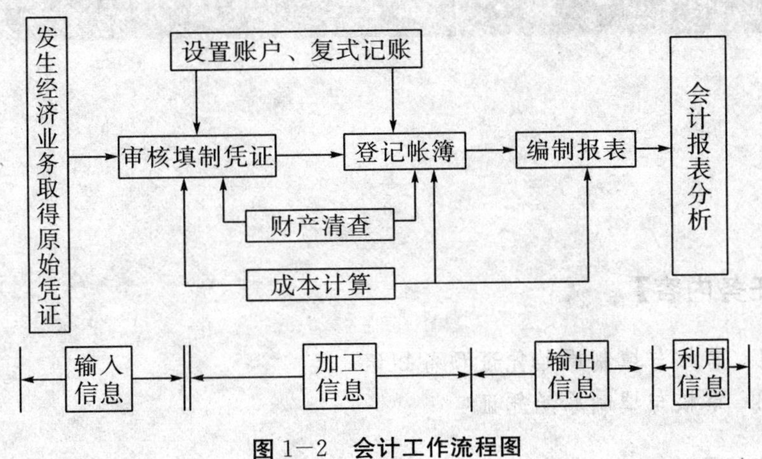

图 1-2　会计工作流程图

思考：会计工作的三大模块是什么？

项目2 审核与填制原始凭证

【主要任务内容】

任务2.1　审核与填制原始凭证预备知识

任务2.2　审核与填制原始凭证

【任务目标】

项目2主要阐述会计原始凭证的填制和审核，通过对项目2的学习，要求理解会计原始凭证的含义、作用和种类，掌握原始凭证的填制和审核方法。

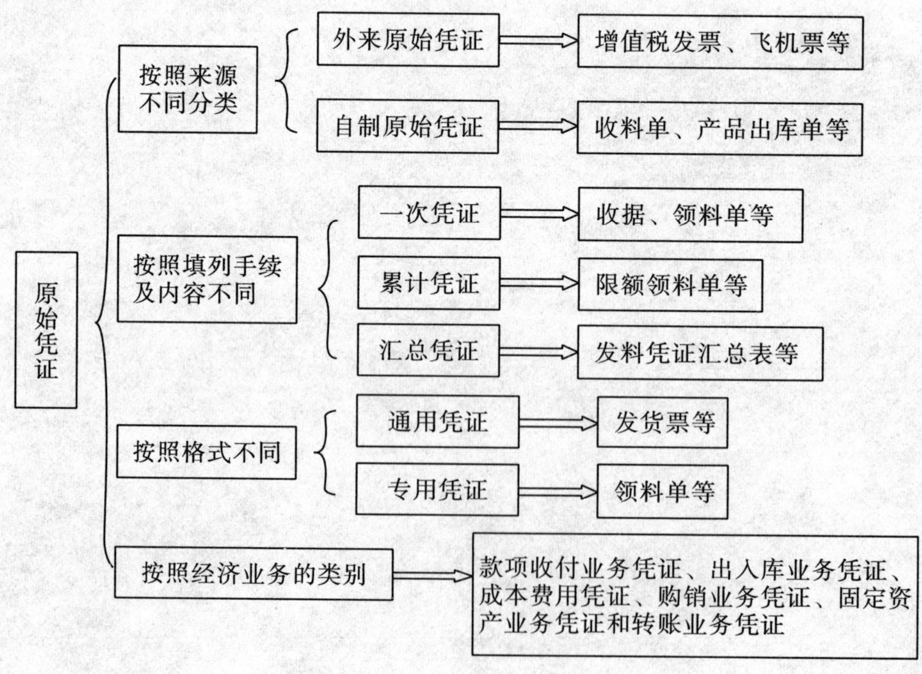

任务 2.1　审核与填制原始凭证预备知识

【目标】　初步认识会计原始凭证，它是经济业务发生的有效凭据。

【能力】　掌握原始凭证在会计工作中所处的流程和重要意义。

一、原始凭证的概念和意义

原始凭证又称单据，是在经济业务发生或完成时取得或填制的，用以记录或证明经济业务的发生或完成情况的文字凭据。它不仅能用来记录经济业务的发生或完成情况，还可以明确经济责任，是进行会计核算工作的原始资料和重要依据，是会计资料中最具有法律效力的一种文件。

购销合同、购料申请单等不能证明经济业务发生或完成情况的各种单证不能作为原始凭证并据以记账。

二、原始凭证的作用

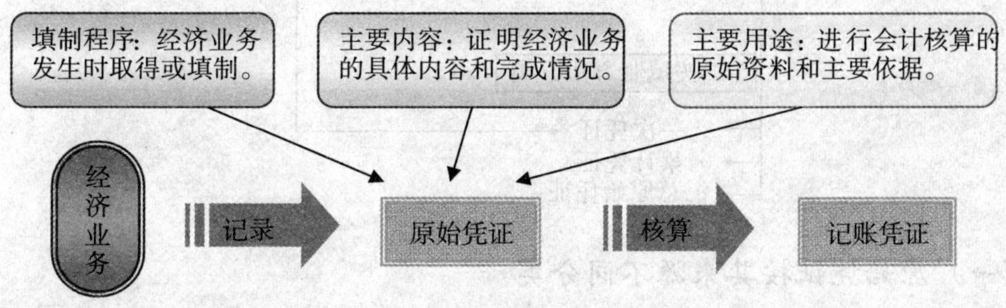

会计核算讲求的是“有凭有据”，原始凭证的最大作用是备案备查。它是对一个经济单位或组织的成长历程的记录，更是对一个经济单位或组织的经营成果的集中保管，是挖掘、探索、整理、借鉴、查漏、补缺等必不可少的原始资料。

思考：什么是原始凭证？在会计工作中起什么作用？

任务 2.2　审核与填制原始凭证

【目标】　了解原始凭证的种类和适用范围，并学会审核与填制。

【能力】　掌握原始凭证的填制和审核。

一、原始凭证的基本内容

原始凭证是在经济业务发生或完成时由相关人员取得或填制的，用以记录或证明经济业务发生或完成情况并明确有关经济责任的一种原始凭据。原始凭证是证明经济业务发生的原始依据，具有较强的法律效力，是一种很重要的会计凭证。

原始凭证必须具备以下基本内容：

（一）原始凭证的名称；

（二）填制原始凭证的日期和凭证编号；

（三）接受凭证的单位名称；

（四）经济业务内容，如品名、数量、单价、金额大小写等；

（五）填制原始凭证的单位名称和填制人姓名；

（六）经办人员的签名或盖章。

二、原始凭证的种类

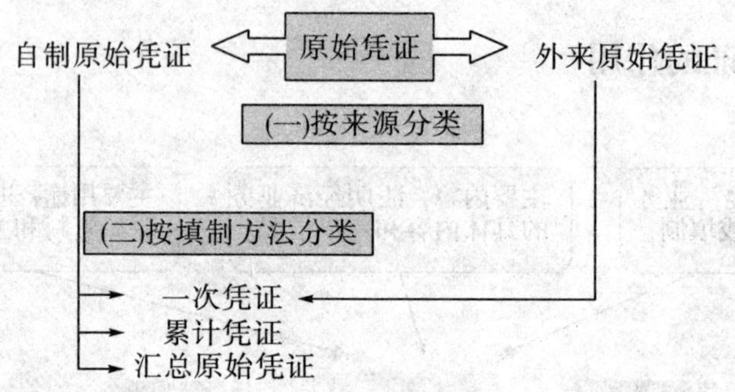

（一）原始凭证按其来源不同分类

原始凭证按其来源不同分类，可以分为外来原始凭证和自制原始凭证两种。

1. 外来原始凭证

外来原始凭证是指本企业在同外单位或个人发生经济业务往来时，从对方处取得的原始凭证。

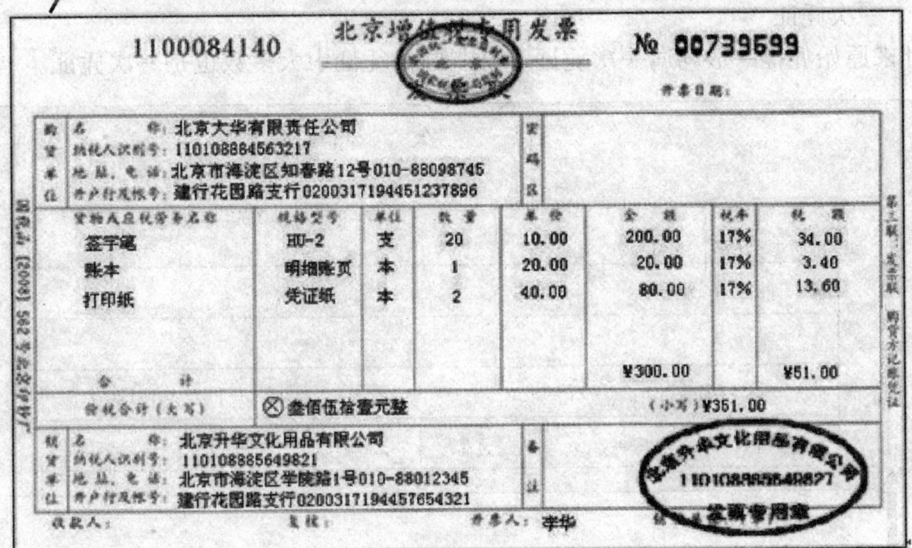

北京增值税专用发票

1100084140 　№ 00739699

开票日期：

购货单位	名称：北京大华有限责任公司 纳税人识别号：110108884563217 地址、电话：北京市海淀区知春路12号010-88098745 开户行及账号：建行花园路支行0200317194451237896	密码区				
货物或应税劳务名称	规格型号	单位	数量	单价	金额	税率	税额
签字笔	HU-2	支	20	10.00	200.00	17%	34.00
账本	明细账页	本	1	20.00	20.00	17%	3.40
打印纸	凭证纸	本	2	40.00	80.00	17%	13.60
合计					¥300.00		¥51.00
价税合计（大写）	⊗叁佰伍拾壹元整				（小写）¥351.00		
销货单位	名称：北京升华文化用品有限公司 纳税人识别号：110108885649821 地址、电话：北京市海淀区学院路1号010-88012345 开户行及账号：建行花园路支行0200317194457654321	备注					

收款人： 　复核： 　开票人：李华 　销货单位：

第三联：发票联 购货方记账凭证

2. 自制原始凭证

自制原始凭证是指在经济业务发生或完成时，由本单位经办业务的部门和人员自行填制的原始凭证。

厦门市普通发票

№ 0001023

客户：　厦门维伦淀粉厂　　2012 年 12 月 25 日

项目	摘要	单位	数量	单价	金额（十万千百十元角分）
	汽油	公升	100	5	50000
合计人民币（大写）	伍佰元整				¥50000

企业（盖章有效）　收款 孙俪　复核 刘宇　开单 王宏

2 发票联

（二）原始凭证按其填制方法不同分类

原始凭证按其填制方法不同分类，可以分为一次凭证、累计凭证和汇总凭证三种。

1. 一次凭证

外来原始凭证一般均属一次凭证，自制原始凭证中大多数也是一次凭证。

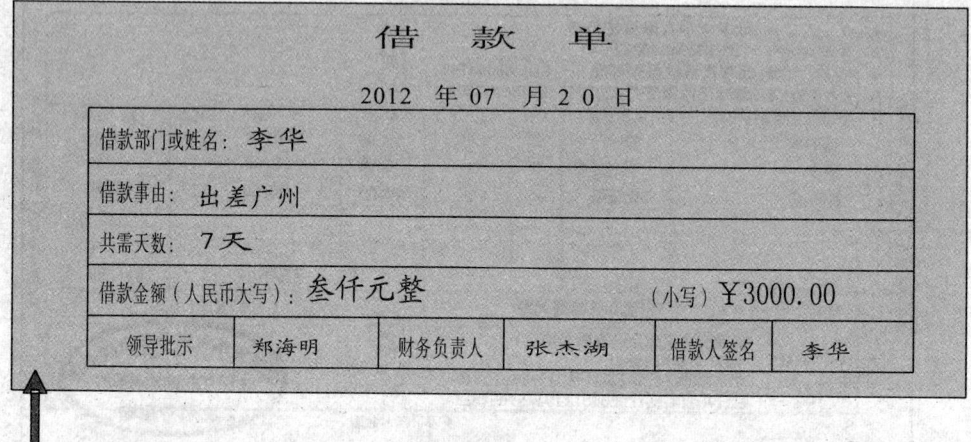

借 款 单

2012 年 07 月 2 0 日

借款部门或姓名：李华					
借款事由：出差广州					
共需天数：7天					
借款金额（人民币大写）：叁仟元整 （小写）￥3000.00					
领导批示	郑海明	财务负责人	张杰湖	借款人签名	李华

一次凭证是指一次填制完成的原始凭证。它反映一笔经济业务或同时反映若干同类经济业务的内容。

领 料 单

领料单位：第一车间　　凭证编号：0010

用　途：生产A产品　　2012年7月20日　　仓　库：2号

材料类别	材料编号	材料名称	规格	计量单位	数量		单价	金额
					请领	实领		
型钢	0345	圆钢	25mm	公斤	1 500	1 500	4.40	6 600
型钢	0348	圆钢	10mm	公斤	1 000	1 000	4.40	4 400
合计					2 500	2 500	4.40	11 000

发料 姜同　领料 王立　领料单位负责人 刘宁　记账 赵东

2. 累计凭证

累计凭证是多次有效的原始凭证，其填制手续是随着经济业务的发生而分次进行的。

累计凭证是对一定时期内重复发生的同类性质经济业务进行累计记录的原始凭证。

限 额 领 料 单

领料部门：生产车间　　　　发料仓库：2号

用　　途：B产品生产　　2012年2月28日　　编　　号：008

材料类别	材料编号	材料名称及规格	计量单位	领料限额	实际领用	单价	金额	备注
型钢	0348	圆钢φ10mm	公斤	500	480	4.40	2112	

日期	请领		实发			限额结余	退库	
	数量	签章	数量	发料人	领料人		数量	退库单
2.3	200		200	姜同	王立	300		
2.12	100		100	姜同	王立	200		
2.20	180		180	姜同	王立	20		
合计	480		480			20		

供应部门负责人 李微　　生产计划部门负责人 佟伟　　仓库负责人签章 刘俊

3. 汇总凭证

海城市恒易机电设备有限公司

原材料领用汇总表

2012年1月10日

原始凭证编号自 060101 至 060104 共 4 张

用途	甲材料			乙材料			合计
	数量	单价	金额	数量	单价	金额	
生产成本							
A产品耗用	1500	100.00	150,000.00	1400	60.00	84,000.00	234,000.00
B产品耗用	1000	100.00	100,000.00	1200	60.00	72,000.00	172,000.00
制造费用							
车间一般耗用				400	60.00	24,000.00	24,000.00
管理费用							
厂部一般耗用				200	60.00	12,000.00	12,000.00
在建工程							
合计	2500	100.00	250,000.00	3200	60.00	192,000.00	442,000.00

记账：李富生　　复核：冯海霞　　制单：李二香

汇总凭证又称原始凭证汇总表，是将一定时期若干张记录同类性质经济业务的原始凭证汇总编制成一张汇总凭证，用以集中反映某项经济业务，总括完成情况的自制原始凭证。

三、原始凭证的填制方法和要求

原始凭证是进行会计核算工作的原始资料和重要依据，是会计资料中最具有法律效力的一种证明文件。在原始凭证填制过程中应遵循以下基本要求：

（一）记录真实

原始凭证所记录经济业务的内容和各项数据，必须符合客观实际，应根据经济业务的发生和完成情况如实记录，不得估计或匡算，更不得伪造凭证，做到真实可靠。

（二）内容完整

原始凭证所要求填列的项目必须逐项填列齐全，不得遗漏和省略，必须符合手续完备的要求。单位自制的原始凭证必须有经办单位领导人或其他经办人员的签名或盖章；对外开出的原始凭证必须加盖本单位公章；从外单位取得的原始凭证，必须盖有填制单位的公章；从个人取得原始凭证，必须有填制人员的签名或盖章。

购买实物的原始凭证，必须有验收证明的签字或盖章；支付款项的原始凭证，必须有收款单位和收款人签名和盖章的收款证明。

（三）书写清楚、规范

1. 原始凭证上的文字和数字必须用蓝黑或碳素墨水认真、准确地进行填写，字迹要清晰、工整、易于辨认，不得使用未经国务院公布的简化汉字。

2. 大小写金额必须相符且填写规范

常用货币名称简写		人民币 RMB				美元 USD			港币 HKD		
大写金额汉字	零	壹	贰	叁	肆	伍	陆	柒	捌	玖	拾
小写金额数字	0	1	2	3	4	5	6	7	8	9	

小写金额阿拉伯数字逐一填写，不得连笔书写。阿拉伯数字前应书写货币币种符号或货币名称简写，如人民币符号“￥”。人民币符号“￥”与阿拉伯数字之间不得留有空白。金额数字一律填写到角分，无角分的，写“00”或符号“—”，有角无分的，分位写“0”不得用符号“—”代替。

大写金额汉字一律用正楷或行书书写。大写金额前未印有“人民币”字样的，应加写“人民币”三个字，“人民币”字样和大写金额之间不得留有空白。大写金额数字到元或角为止的，在“元”或“角”后面应写“整”或“正”字。大写金额有分的，分字后不写“整”或“正”字。

阿拉伯金额数字中间有“0”时，汉字大写金额要写“零”字，阿拉伯金额连续有几个“0”时，汉字大写金额可以只写一个“零”字，如小写金额为￥10 005.90，汉字大写金额应写成“人民币壹万零伍元玖角整”；阿拉伯金额数字元位是“0”或者数字中间连续有几个“0”，元位也是“0”，但角位不是“0”时，汉字大写金额可以只写一个“零”字，也可以不写“零”字，如小写金额￥10 300.79，汉字大写金额应写成“人民币壹万零叁佰元零柒角玖分”或“人民币壹万零叁佰元柒角玖分”。

3. 应按规定的方法予以更正

对某些重要凭证如支票填写错误，则不能更改，应加盖“作废”戳记，并按原编号顺序与其他存根联一起保存，保证编号的连续性。

4. 不得涂改、刮擦、挖补

在填写过程中，如果文字或数字填写错误，不得涂改、刮擦、挖补，应当由出具单位重开或更正，更正处应当加盖出具单位印章。原始凭证金额有错误的，则不能更正，更不得撕毁，应加盖“作废”戳记。

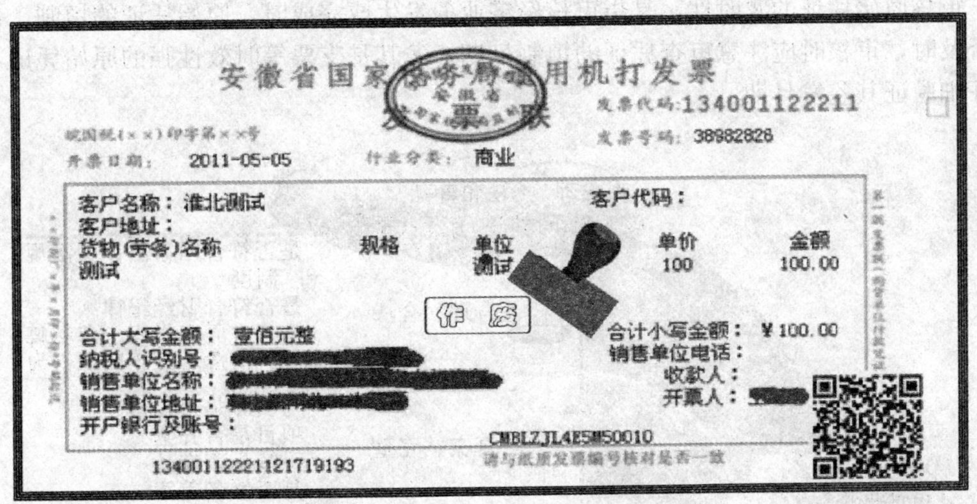

安徽省国家 用机打发票

发票代码:134001122211

发票号码: 38982828

开票日期: 2011-05-05 行业分类: 商业

客户名称：淮北测试 客户代码：

客户地址：

货物(劳务)名称	规格	单位	单价	金额
测试		测试	100	100.00

作废

合计大写金额： 壹佰元整 合计小写金额： ¥100.00

纳税人识别号：

销售单位名称：

销售单位地址：

开户银行及账号：

销售单位电话：

收款人：

开票人：

CMBLZJL4E5M50010

134001122211121719193

请与纸原发票编号核对是否一致

5. 填制及时

经济业务发生或完成后，经办部门和人员应立即填写原始凭证，并按规定的程序及时送交会计机构进行审核，以保证会计核算工作的正常进行。

四、原始凭证的审核

（一）审核原始凭证的合法性和合理性

审核原始凭证所记录经济业务的合法性和合理性，是指是否符合国家有关政策、法规的规定，是否符合会计制度的有关要求，是否符合单位的预算和计划，是否符合审批权限和手续，是否履行了规定的凭证传递程序，是否符合费用开支标准，有无铺张浪费行为等。

（二）审核原始凭证的真实性和正确性

审核原始凭证的真实性和正确性，是指审核原始凭证所记录的内容是否符合客观实际，有无漏记、篡改、伪造等现象，原始凭证的日期、摘要和业务内容填写是否真实，数量、单价、金额、合计数等数据有无差错，大、小写金额是否相符，凭证联次是否连续，有无涂改、刮擦、挖补等现象。

（三）审核原始凭证的完整性

审核原始凭证的完整性，是指审核原始凭证的各项基本要素是否填列齐全，手续是否完备，是否有经办人员的签名或盖章。对内容不齐全、手续不完备的原始凭证予以退回，并要求经办人员按照国家统一的会计制度规定进行补充或更正。

（四）审核原始凭证的及时性

审核原始凭证的及时性，是指审核经济业务发生或完成时，原始凭证的填制、传递是否及时，审核时应注意审查凭证的填制日期，尤其是支票等时效性强的原始凭证，更应仔细验证其签发日期。

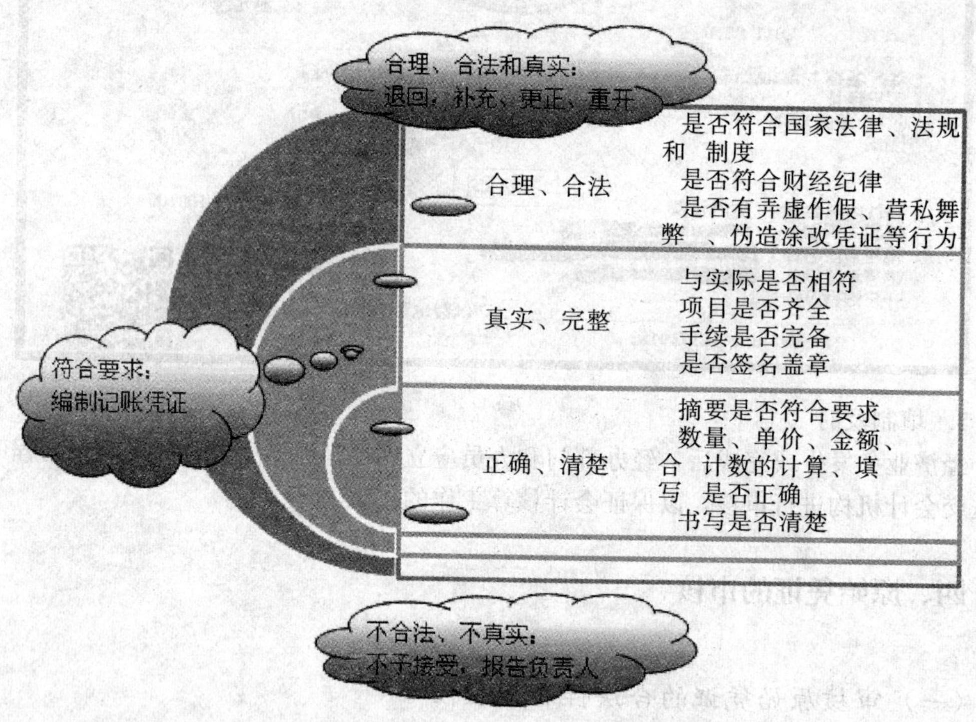

思考：原始凭证的填写主要包括哪些内容？

项目 3　会计要素与会计等式

【主要任务内容】

任务 3.1　认识会计要素
任务 3.2　认识会计等式

【任务目标】

通过对项目 3 的学习和探索，理解和掌握会计六要素的概念、分类和六要素之间的关系，以及会计基本等式中各要素之间的关系，学会分析不同经济业务类型对会计要素的影响，为今后学习会计奠定必要的知识基础和理论基础。

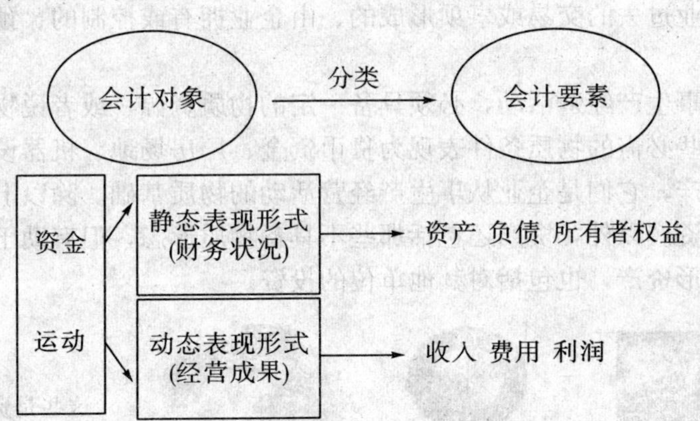

任务 3.1　认识会计要素

【目标】　学习会计核算的六要素的定义和特点及其分类。
【能力】　掌握会计六要素的应用。

会计要素是会计核算对象的基本分类，是设定会计报表结构和内容，以及进行确认和计量的依据。对会计要素加以严格定义，就能为会计核算奠定坚实的基础。会计要素包括资产、负债、所有者权益、收入、费用和利润。

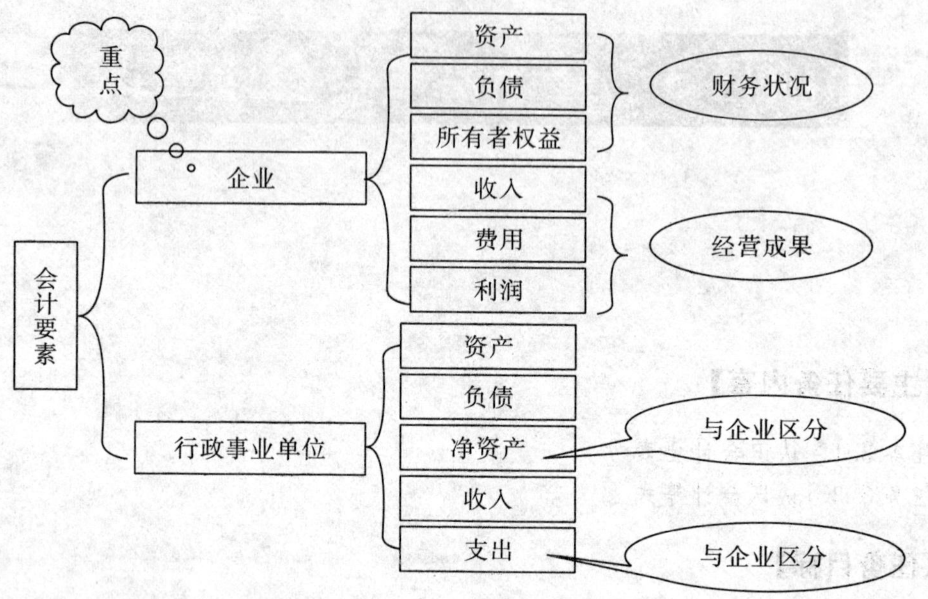

一、资产

资产是指企业过去的交易或事项形成的、由企业拥有或控制的、预期会给企业带来经济利益的资源。

一个企业从事生产经营活动，必须具备一定的物质资源，或者说物质条件。在市场经济条件下，这些必需的物质条件表现为货币资金、厂房场地、机器设备、原料、材料等等，统称为资产，它们是企业从事生产经营活动的物质基础。除以上的货币资金以及具有物质形态的资产以外，资产还包括那些不具备物质形态，但有助于生产经营活动的专利、商标等无形资产，也包括对其他单位的投资。

这些是资产吗？

（一）资产的特点

1. 资产是过去的交易或事项形成的。这就是说，作为企业资产，必须是现实存在的而不是预期的资产，它是企业过去已经发生的交易或事项所产生的结果，包括购置、生产、建造等行为或其他交易或事项。预期在未来发生的交易或事项不形成资产，如计划购入的机器设备等。

2. 资产是由企业拥有或控制的。企业拥有资产，从而就能够从资源中获得经济利

益；有些资产虽然不为企业所拥有，但在某些条件下，对一些由特殊方式形成的资源，企业虽然不享有其所有权，但能够被企业所控制，而且同样能够从资源获取经济利益，也可以作为企业资产（如融资性租入固定资产）。

3. 资产能够给企业带来经济利益。如货币资金可以用于购买所需要的商品或用于利润分配；厂房机器、原材料等可以用于生产经营过程；制造商品或提供劳务，出售后回收货款，货款即为企业所获得的经济利益。

思考：甲公司从乙厂购进机床一台，价值35万元，由于甲公司新车间尚未验收使用，没有地方存放，暂未提货，机床仍留在乙厂，请问，这台机床是谁的资产？

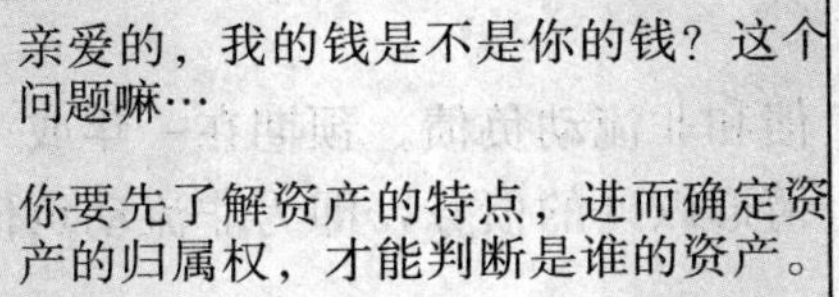

（二）资产的分类

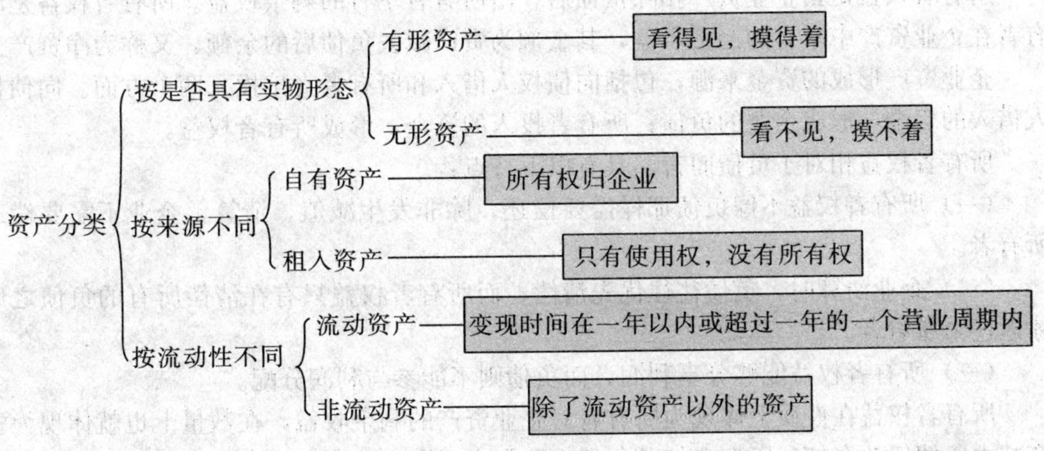

二、负债

负债是指过去的交易、事项形成的现时义务，履行该义务预期将会导致经济利益流出企业。如果把资产理解为企业的权利，那么负债就可以理解为企业所承担的义务。

（一）负债的特点

1. 负债是由于过去的交易或事项形成的偿还义务。

2. 负债是现时义务。负债是企业目前实实在在的偿还义务，要由企业在未来某个时日加以偿还。

3. 为了偿还债务，与该义务有关的经济利益很可能流出企业。一般来说，企业履行偿还义务时，关系到企业会有经济利益的流出，如支付现金、提供劳务、转让其他财产等等。同时，未来流出的经济利益的金额能够可靠计量。

（二）负债的分类

按偿还期限的长短，一般将负债分为流动负债和非流动负债。预期在一年或一个营业周期内到期清偿的债务属于流动负债。除以上情形以外的债务，即为非流动负债，一般包括长期借款、应付债券、长期应付款等。

三、所有者权益

所有者权益是指企业资产扣除负债后，由所有者享有的剩余权益。所有者权益是所有者在企业资产中享有的经济利益，其金额为资产减去负债后的余额，又称为净资产。

企业资产形成的资金来源，包括向债权人借入和所有者直接投入两个方面。向债权人借入的资金，形成企业的负债；所有者投入的资金，形成所有者权益。

所有者权益相对于负债而言，具有以下特点：

（一）所有者权益不像负债那样需要偿还，除非发生减值、清算，企业不需要偿还所有者。

（二）企业清算时，负债往往优先清偿，而所有者权益只有在清偿所有的负债之后才返还给所有者。

（三）所有者权益能够分享利润，而负债则不能参与利润分配。

所有者权益在性质上体现为所有者对企业资产的剩余收益，在数量上也就体现为资产减去负债后的余额。所有者权益包括实收资本、资本公积、盈余公积和未分配利润四个项目，其中，前两项属于投资者的初始投入资本，后两项属于企业留存收益。

四、收入

收入是企业在日常活动中形成的、会导致所有者权益增加的、与所有者投入资本无关的经济利益的总流入。

根据收入的定义，确认收入的条件是：

（一）由日常活动形成。日常活动应理解为企业为完成其经营目标所从事的经常性活动以及与之相关的活动。如工业企业销售产品、流通企业销售商品、服务企业提供劳务、出租、出售原材料、对外投资（收取利息、现金股利）等日常活动。

（二）经济利益总流入。经济利益是指现金或最终能转让为现金的非现金资产。收入只有在经济利益很可能流入，从而导致资产增加或者负债减少，经济利益的流入额要能够可靠计量时才能予以确认。经济利益总流入是指本企业经济利益的流入，包括销售商品收入、劳务收入、使用费收入、租金收入、股利收入等主营业务和其他业务收入，不包括为第三方或客户代收的款项。

五、费用

费用是指企业在日常活动中发生的、会导致所有者权益减少的、与向所有者分配利润无关的经济利益的总流出。费用与收入相抵后，即为企业经营活动中的盈亏。

根据费用的定义，确认费用的条件是：

（一）在日常活动中发生。企业在销售商品、提供劳务等日常活动中所发生的费用，可划分为两类：一类是企业为生产产品、提供劳务等发生的费用，应计入产品成本、劳务成本，包括直接材料、直接人工和制造费用。另一类是不应计入成本而直接计入当期损益的相关费用，包括管理费用、财务费用、销售费用、资产减值损失。计入产品成本、劳务成本等费用，应当在确认产品销售收入、劳务收入等时将已销售产品、已提供劳务的成本计入当期损益。

（二）经济利益总流出。费用与收入相反，收入是资金流入企业形成的，会增加企业所有者权益。而费用则是企业资金的付出，会减少企业的所有者权益，其实质就是一种资产流出，最终导致企业资产减少。费用只有在经济利益很可能流出从而导致企业资产减少或负债增加，而且经济利益的流出额能够可靠计量时才能予以确认。

六、利润

利润是企业在一定会计期间的经营成果。利润包括收入减去费用后的净额、直接计入当期利润的利得和损失等。直接计入当期利润的利得和损失是指应当计入当期损益，会导致所有者权益发生增减变化的、与所有者投入资本或向所有者分配利润无关的利得和损失。

净利润为营业利润和营业外收支净额等两个项目的总额减去所得税费用之后的余额。营业利润是企业在销售商品、提供劳务等日常活动中产生的利润；营业外收支是与企业的日常经营活动没有直接关系的各项收入和支出。

注意：

1. 资产、负债及所有者权益能够反映企业在某一个时点的财务状况，属于静态要素，在资产负债表中予以列示。

案例：在 2011 年 12 月 31 日这一天，企业有 120 万的资产，50 万的负债，所有者的剩余权益 70 万。

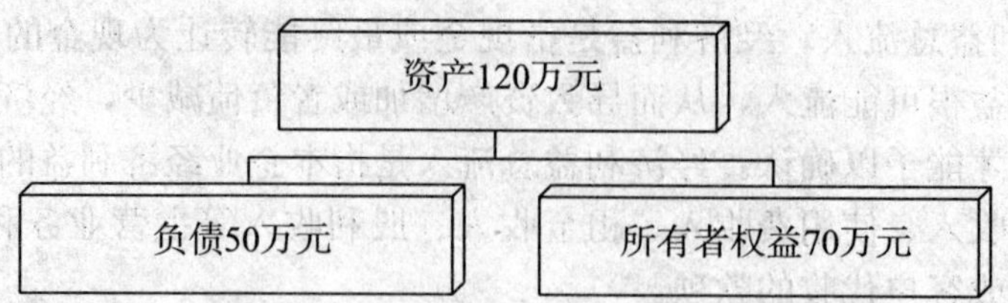

2. 收入、费用及利润能够反映企业在某一个期间经营成果，属于动态要素，在利润表中列示。

案例：在 2011 年企业实现了 100 万的收入，扣除 60 万的成本费用，因此在 2006 年这一年内，企业实现了 40 万的利润。

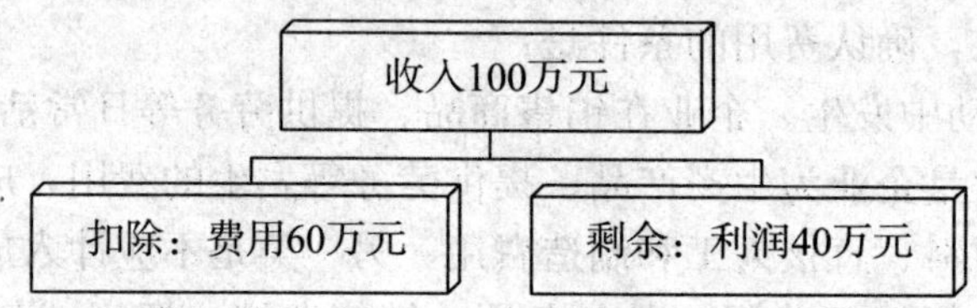

思考：会计六要素主要反映经济活动哪些方面的内容？

任务 3.2　认识会计等式

【目标】　认识会计六要素之间的关系，即掌握会计等式。

【能力】　掌握会计等式的应用。

一、会计等式一：资产、负债及所有者权益间的关系

由上文可知，资金运动在静态情况下，资产、负债及所有者权益三个要素之间存在平衡关系。资产主要包括两部分：

（一）向外部借的债，即负债；

（二）投资人的投入及其增值部分，即所有者权益。

由此我们可以认为债权人和投资者将其拥有的资本供给企业使用，对企业运用这些资本所获得的各项资产就相应享有一种权益，即为“相应的权益”。由此可见，资产与权益是相互依存的，有一定数额的资产，必然有相应数额的权益，反之亦然。由此可以推出：资产＝权益

资产＝负债＋所有者权益　　（等式 1）

该等式反映了资产的归属关系，是会计对象的公式化，是经济内容和数学上的等量关系，即是资金平衡的理论依据，也是设置账户、复式记账和编制资产负债表的理论依据。因此，会计上又称为基本会计等式。

二、会计等式二：收入、费用与利润间的关系

资金运动在动态情况下，其循环周转过程中发生的收入、费用和利润，也存在着平衡关系，其平衡公式如下：

收入－费用＝利润　　（等式 2）

若利润为正，则企业盈利；若利润为负，则企业亏损。

三、会计等式的延伸：综合等式

企业在经营过程中，或盈利，或亏损。在某一时点，“收入－费用＝利润”，利润为正，这个利润就表明经济利益流入大于经济利益流出，即企业资产增多。由此可见：

新的所有者权益＝旧的所有者权益＋利润＝旧的所有者权益＋收入－费用

新资产＝负债＋新的所有者权益

新资产＝负债＋旧所有者权益＋收入－费用　　（等式 3）

四、会计等式的恒等性

【例】 东方化工厂 2011 年 12 月 31 日拥有 2 000 万元资产，其中现金 0.4 万元，银行存款 57.6 万元，应收账款 282 万元，存货 960 万元，固定资产 700 万元。该工厂接受投资形成实收资本 1 100 万元，银行短期借款 400 万元，应付账款 400 万元，尚未支付的职工薪酬 100 万元。可用表 2－1 反映资产、负债、所有者权益间的平衡关系：

表 2－1　资产负债表

编制单位：东方化工厂　　2011 年 12 月 31 日　　单位：万元

资产		负债及所有者权益	
货币资金	58	短期借款	400
应收账款	282	应付账款	400
存货	960	应付职工薪酬	100
固定资产	700	实收资本	1 100
合计	2 000	合计	2 000

上例子中，资产总额（2 000 万元）＝负债及所有者权益（2 000 万元）反映某一时点上企业会计要素之间的平衡关系，这是一种静态关系。

当企业继续经营时，发生的经济业务会引起各个会计要素数额上增减变化，这些变化总不外乎以下四种类型（具体可以划分为九类）：

（一）资金进入企业：资产和权益等额增加，即资产增加，负债及所有者权益增加，会计等式保持平衡。

【例 1】东方化工厂 2012 年 1 月份从银行取得短期贷款 800 万元，现已办妥手续，款项已划入本企业存款账户。这项经济业务对会计恒等式的影响为：

资产＋银行存款增加＝（负债＋所有者权益）＋银行借款增加

2 000 万元＋800 万元＝2 000 万元＋800 万元

资产（2 800 万元）＝负债＋所有者权益（2 800 万元）

可以看出，会计等式两方等额增加 800 万元，等式没有破坏。

（二）资金退出企业：资产和权益等额减少，即资产减少，负债及所有者权益减少，会计等式保持平衡。

【例 2】东方化工厂支付上年未还的应付货款，已从企业账户中开出转账支票 300 万元，该经济业务对会计等式的影响为：

资产－银行存款减少额＝（负债＋所有者权益）－应付账款减少额

2 800 万元－300 万元＝2 800 万元－300 万元

资产（2 500 万元）＝负债＋所有者权益（2 500 万元）

可以看出，会计等式两方等额减少 300 万元，等式没有破坏。

（三）资产形态变化：一种资产项目增加，另一种资产项目等额减少，会计等式保持平衡。

【例 3】东方化工厂开出现金支票 2 万元，以备日常开支使用。该项经济业务对会计等式的影响为：

资产－银行存款减少额＋现金增加额＝负债＋所有者权益

2 500 万元－2 万元＋2 万元＝2 500 万元

资产（2 500 万元）＝负债＋所有者权益（2 500 万元）

（四）权益类别转化：一种权益项目增加，另一种权益项目等额减少，会计等式平衡。

【例 4】东方化工厂应付给三洋公司的应付账款 100 万元，经协商同意转作三洋公司对东方化工厂的投资款。该项经济业务对会计等式影响为：

资产＝负债＋所有者权益－应付账款＋接受长期投资

2 500 万元＝2 500 万元－100 万元＋100 万元

资产（2 500 万元）＝负债＋所有者权益（2 500 万元）

可以看出，东方化工厂的负债类项目减少 100 万元，所有者权益项目增加 100 万元，等式两方总额没有变化，等式没有破坏。

经过上述变化后的资产负债，见表 2-2。

表 2—2　资产负债表

编制单位：东方化工厂　　　　20××年×月×日　　　　单位：万元

资产		负债及所有者权益	
货币资金	558	短期借款	1 200
应收账款	282	应付账款	
存货	960	应付职工薪酬	100
固定资产	700	实收资本	1 200
合计	2 500	合计	2 500

思考：会计六要素之间存在什么样的关系？

项目 4　设置账户与复式记账

【主要任务内容】

任务 4.1　设置账户
任务 4.2　复式记账法
任务 4.3　总分类账和明细分类账

【任务目标】

通过对项目 4 的学习和探索，了解会计科目、账户的设置及两者之间的关系，掌握借贷记账法的账户结构和记账规律，学会编制会计分录、登记账户、总账和明细账的平行登记和试算平衡。

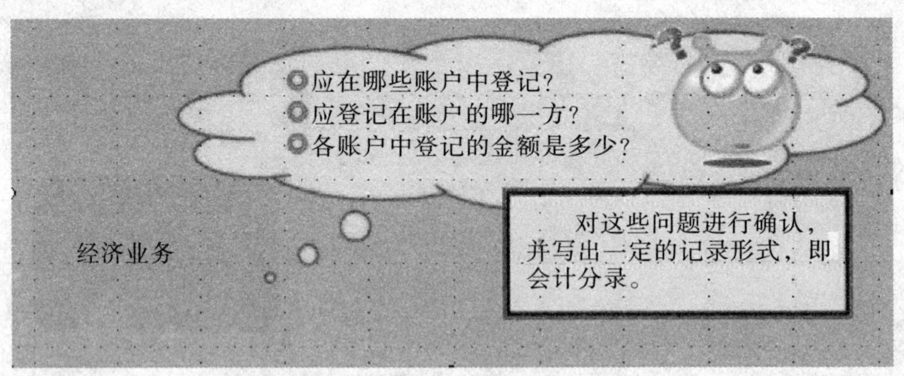

任务 4.1　设置账户

【目标】　认识会计账户的设置与使用，为会计核算做准备。
【能力】　掌握会计账户的设置，并应用于经济业务核算中。

一、认识会计科目

对会计要素的具体内容进行分类核算的科目称为会计科目。会计科目是进行各项会计记录和提供各项会计信息的基础，设置会计科目是复式记账中编制、整理会计凭证和设置账簿的基础，并能提供全面、统一的会计信息，便于投资人、债权人以及其他会计信息使用者掌握和分析企业的财务情况、经营成果和现金流量。

二、设置会计科目的原则

会计科目作为向投资者、债权人、企业经营管理者等提供会计信息的重要手段，在其设置过程中应努力做到科学、合理、适用，应遵循下列原则：

（一）合法性原则

合法性原则，是指所设置的会计科目应当符合国家统一的会计制度的规定。中国现行的统一会计制度中均对企业设置的会计科目作出规定，以保证不同企业对外提供的会计信息的可比性。

（二）相关性原则

相关性原则，是指所设置的会计科目应当提供有关各方所需要的会计信息服务，满足对外报告与对内管理的要求。

（三）实用性原则

实用性原则，是指所设置的会计科目应符合单位自身特点，满足单位实际需要。

三、会计科目的内容和级别

（一）会计科目的内容

2014 年最新会计科目表，见表 4－1。

表 4—1 2014 年会计科目名称表

类别	序号	科目代码	科目名称	类别	序号	科目代码	科目名称	类别	序号	科目代码	科目名称
资产类	1	1 001	库存现金	资产类	47	1 532	为实现融资收益	负债类	28	2 502	应付债券
	2	1 002	银行存款		48	1 541	存出资本保证金		29	2 621	独立账户负债
	3	1 003	存放中央银行款项		49	1 601	固定资产		30	2 701	长期应付款
	4	1 011	存放同业		50	1 602	累计折旧		31	2 702	未确认融资费用
	5	1 012	其它货币资金		51	1 603	固定资产减值准备		32	2 711	专项应付款
	6	1 101	短期投资		52	1 604	工程物资		33	2 801	预计负债
	7	1 102	短期投资跌价准备		53	1 605	在建工程		34	2 901	递延所得税负债
	8	1 021	结算备付金		54	1 606	在建工程减值准备	损益类	1	6 001	主营业务收入
	9	1 031	存出保证金		55	1 607	固定资产清理		2	6 011	利息收入
	10	1 101	交易性金融资产		56	1 631	油气资产		3	6 021	手续费及佣金收入
	11	1 111	买入返售金融资产		57	1 632	累计折耗		4	6 031	保费收入
	12	1 121	应收票据		58	1 701	无形资产		5	6 041	租赁收入
	13	1 122	应收账款		59	1 702	累计摊销		6	6 051	其他业务收入
	14	1 123	预付账款		60	1 711	商誉		7	6 061	汇兑损益
	15	1 131	应收股利		61	1 815	未确认融资费用		8	6 101	公允价值变动损益
	16	1 132	应收利息		62	1 801	长期待摊费用		9	5 201	投资收益
	17	1 221	其他应收款		63	1 811	递延所得税资产		10	6 301	营业外收入
	18	1 231	坏账准备		64	1 821	独立账户资产		11	6 401	主营业务成本
	19	1 301	贴现资产		65	1 901	待处理财产损溢		12	6 402	营业税金及附加
	20	1 302	拆出资金	负债类	1	2 101	短期借款		13	6 403	其它业务支出
	21	1 303	贷款		2	2 102	存入保证金		14	6 411	利息支出
	22	1 304	贷款损失准备		3	2 103	拆入资金		15	6 601	销售费用
	23	1 311	代理兑付证券		4	2 104	向中央银行借款		16	6 602	管理费用
	24	1 312	代理业务资产		5	2 011	吸收存款		17	6 701	资产减值损失
	25	1 401	材料采购		6	2 012	同业存放		18	6 711	营业外支出
	26	1 402	在途物资		7	2 021	贴现负债		19	6 801	所得税费用
	27	1 403	原材料		8	2 101	交易性金融负债		20	6 901	以前年度损益调整
	28	1 404	材料成本差异		9	2 201	应付票据	成本类	1	5 001	生产成本
	29	1 405	库存商品		10	2 202	应付账款		2	5 101	制造费用
	30	1 407	商品进销差价		11	2 203	预收账款		3	5 201	劳务成本
	31	1 411	周转材料		12	2 211	应付职工薪酬		4	5 301	研发支出
	32	1 412	包装物		13	2 153	应付福利费		5	5 401	工程施工
	33	1 413	低值易耗品包装物		14	2 221	应交税费		6	5 402	工程结算
	34	1 241	消耗性生物资产		15	2 176	其他应交款		7	5 403	机械作业
	35	1 431	贵金属		16	2 231	应付利息	共同类	1	3 001	清算资金往来
	36	1 441	抵债资产		17	2 232	应付股利		2	3 002	货币兑换
	37	1 451	损余物资		18	2 171	应交税金		3	3 101	衍生工具
	38	1 461	融资租赁资产		19	2 241	其他应付款		4	3 201	套期工具
	39	1 471	存货跌价准备		20	2 251	应付保单红利		5	3 201	被套期项目
	40	1 501	持有至到期投资		21	2 261	应付分保账款	所有者权益类	1	4 001	实收资本
	41	1 503	可供出售金融资产		22	2 311	代理买卖证券款		2	4 002	资本公积
	42	1 511	长期股权投资		23	2 312	代理承销证券款		3	4 101	盈余公积
	43	1 402	长期债券投资		24	2 313	代理兑付证券款		4	4 103	本年利润
	44	1 512	长期投资减值准备		25	2 314	代理业务负债		5	4 104	利润分配
	45	1 521	投资性房地产		26	2 401	递延收益		6	4 201	库存
	46	1 531	长期应收款		27	2 501	长期借款				

（二）会计科目的级别

1. 会计科目按其所反映的经济内容不同，分为资产类、负债类、所有者权益类、成本类、损益类等科目。

2. 会计科目按其所提供信息的详细程度及其统驭关系不同，又分为总分类科目（总账科目）和明细分类科目。

（1）总账科目。总账科目即一级科目，也称总分类会计科目，是对会计要素的具体内容进行总括分类的会计科目，是进行总分类核算的依据，总账科目是由财政部统一规定的。

（2）明细科目。明细科目也称为明细分类会计科目、细目，是在总账科目的基础上，对总账科目所反映的经济内容进行进一步详细的分类的会计科目，以提供更详细、更具体会计信息的科目。明细科目的设置，除了要符合财政部统一规定外，一般根据经营管理需要，由企业自行设置。对于明细科目较多的科目，可以在总账科目和明细科目设置二级或多级科目。会计科目的级别如图表：

“原材料”总账和明细账会计科目

总账科目（一级科目）	明细科目	
	二级科目（子目）	三级科目（细目）
原材料	原料及主要材料	圆钢、角钢
	辅助材料	润滑剂、石炭酸
	燃料	汽油、原煤

3. 会计科目运用举例

【例】 从银行提取现金300元。

该项业务应设置“银行存款”和“库存现金”科目。

【例】 购买材料7 000元，料款尚未支付。

该项业务应设置“原材料”和“应付账款”科目。

【例】 某投资者投入设备一台，价值300 000元。

该项业务应设置“实收资本”和“固定资产”科目。

【例】 某企业销售产品一批，价值3 000元，货款尚未收到。

该项业务应设置“主营业务收入”和“应收账款”科目。

四、设置账户

（一）账户的概念

账户是指具有一定格式，用来分类、连续地记录经济业务，反映会计要素增减变动及其结果的一种核算工具。会计账户是根据会计科目设置的。设置账户是会计核算的一种专门方法，运用账户，把各项经济业务的发生情况及由此引起的资产、负债、所有者权益、收入、费用和利润各要素的变化，系统地、分门别类地进行核算，以便提供所需要的各项指标。

（二）会计科目与会计账户的联系与区别

会计账户是对会计要素的内容所作的科学再分类。会计科目与账户是两个既相互区别，又相互联系的不同概念。

1. 联系：会计科目是设置会计账户的依据，是会计账户的名称，会计账户是会计科目的具体运用，会计科目所反映的经济内容，就是会计账户所要登记的内容。

2. 区别：会计科目只是对会计要素具体内容的分类，本身没有结构；会计账户则有相应的结构，是一种核算方法，能具体反映资金运用状况。因此，会计账户比会计科目，分户更为明细，内容更为丰富。

（三）账户的结构和内容

账户是用来记录经济业务的，必须具有一定的结构和内容。作为会计核算的对象，是随着经济业务的发生在数量上进行增减变化，并产生相应变化结果。

1. 账户结构

账户一般划分为左右两方，每一方再根据实际需要分成若干栏次，用来分类登记经济业务及其会计要素的增加与减少，以及增减变动的结果。账户的格式设计一般应包括以下内容：

（1）账户的名称，即会计科目；

（2）日期和摘要，即经济业务发生的时间和内容；

（3）凭证号数，即账户记录的来源和依据；

（4）增加和减少的金额；

（5）余额。

2. 账户的左右两方是按相反方向来记录增加额和减少额

如果规定在左方记录增加额，就应该在右方记录减少额；反之，如果在右方记录增加额，就应该在左方记录减少额。在具体账户的左、右两个方向中究竟哪一方记录增加额，哪一方记录减少额，取决于账户所记录的经济内容和所采用的记账方法。

3. 账户的余额一般与记录的增加额在同一方向

4. 在账户所记录的主要内容满足这样一个恒等关系：

本期期末余额=本期期初余额+本期增加额 — 本期减少额

为了教学方便，在教科书中经常采用简化格式丁字账来说明账户结构。这时，账户就省略了有关栏次。丁字账的格式，见表 4-2。

表 4-2

借方	账户名称	贷方

思考：什么是会计账户？

任务 4.2 复式记账法

【目标】 学习账务会计核算的方法。
【能力】 掌握复式记账法中的借贷记账法的运用。

一、记账方法

记账方法，就是账簿登记经济业务的方法，即根据一定的记账原则、记账符号、记账规则，采用一定的计量单位，利用文字和数字把经济业务登记到账簿中去的一种专门方法。记账方法按记录方式不同，可分为单式记账法和复式记账法。

二、复式记账法

复式记账法是指对每一笔经济业务，都要用相等的金额，在两个或两个以上相互联系的账户中进行记录的记账方法。如“以银行存款1 000元购买原材料”，这笔业务在记账时，不仅记“银行存款”减少1 000元，同时还要记“原材料”增加1 000元。所以，在复式记账法下，有科学的账户体系，通过对应账户的双重等额记录，能反映经济活动的来龙去脉，并能运用账户体系的平衡关系来检查全部会计记录的正确性。所以，复式记账法作为科学的记账方法一直被广泛地运用。目前，我国的企业和行政、事业单位所采用的记账方法，都属于复式记账法。

复式记账法根据记账符号、记账规则等不同，又可分为借贷记账法、增减记账法和收付记账法，等等。其中，借贷记账法是世界各国普遍采用的一种记账方法，在我国也是应用最广泛的一种记账方法，我国颁布的《企业会计准则》明文规定中国境内的所有企业都应该采用借贷记账法记账。采用借贷记账法在相关账户中记录各项经济业务，可以清晰地表明经济业务的来龙去脉，同时也便于试算平衡和检查账户记录的正确性。下面我们重点说明借贷记账法。

三、借贷记账法

借贷记账法是以“借”、“贷”二字为记账符号，记录会计要素增减变动情况的一种复式记账法。

（一）记账符号

“借”和“贷”是借贷记账法的标志。这对记账符号，要同借贷记账法的账户结构统一起来应用，才能真正反映出它们分别代表的会计对象要素增减变动的内容。

（二）账户结构

在借贷记账法中，账户的基本结构是：左方为借方，右方为贷方。

1. 资产类账户

由于借贷记账法“借”在左方，“贷”在右方，因此可确定会计要素平衡等式的左边借方记录资产增加，反之其减少就一律登记在贷方。其形式见表4-3。

表4-3

借方	资产类账户名称		贷方
期初余额	Y		
增加额	a	减少额	c
增加额	b	减少额	d
本期增加发生额：	a+b	本期减少发生额：	c+d
期末余额：	Y+a+b−c−d		

资产类账户期末余额=借方期初余额+本期借方发生额 — 本期贷方减少额

2. 负债及所有者权益类账户

由于负债及所有者权益，与资产分别处于等式的两边，为了保持会计恒等式的平衡，等式右边贷方记录负债、所有者权益和收入的增加，反之其减少一律登记在借方。其形式见表4−4。

负债及所有者类账户期末余额=贷方期初余额+本期贷方发生额−本期借方减少额

表4−4

借方	负债及所有者权益类账户名称		贷方
		期初余额	Y
减少额	a	增加额	c
减少额	b	增加额	d
本期减少发生额：	a+b	本期增加发生额：	c+d
		期末余额：	Y+c+d−a−b

3. 费用成本类账户

企业在生产经营过程中要有各种耗费，有成本费用发生，在费用成本抵消收入以前，可以将其看做一种资产。如“生产成本”归集在生产过程中某产品所发生的所有耗费，但在尚未完工结转入库，其反映企业在产品这项资产的金额。同时费用成本与资产同处于等式的左方，因此其结构与资产类账户的结构基本相同，只是由于借方记录的费用成

本的增加额一般都要通过贷方转出，所以账户通常没有期末余额。如果因某种情况有余额，也表现为借方余额。其形式见表4−5。

表4−5

借方	成本费用类账户名称		贷方
增加额	a	减少额	c
增加额	b	转出额	a+b−c
本期增加发生额：	a+b	本期减少发生额：	a+d

4. 收入类账户

收入类账户的结构则与负债及所有者权益的结构一样，收入的增加额记入账户的贷方，收入转出（减少额）则应记入账户的借方，由于贷方记录的收入增加额一般要通过借方转出，所以该类账户通常也没有期末余额。其形式见表4−6。

表 4-6

借方		收入类账户名称	贷方
减少额	c	增加额	a
转出额	a+b-c	增加额	b
本期减少发生额：	a+b	本期增加发生额：	a+d

综上所述可以看出，“借”、“贷”二字作为记账符号所表示的经济含义是不一样的。表示为：

借贷方向增减表

借	贷
资产增加	资产减少
负债及所有者权益减少	负债及所有者权益增加
费用成本增加	费用成本转出
收入类转出	收入类增加

口诀记忆
借增贷减是资产，权益和它正相反。
成本资产总相同，细细记牢莫弄乱。
损益账户要分辨，费用收入不一般。
收入增加贷方看，减少借方来结转。

（三）记账规则

记账规则是进行会计记录和检查账簿登记是否正确的依据和规律。借贷记账法的记账规则是：“有借必有贷，借贷必相等”。这一记账规则要求对每项经济业务都要以相等的金额，相反的方向，登记在两个或两个以上相互联手的账户中去。

（四）案例运用

我们在实际运用借贷记账法的记账规则登记经济业务时，一般要按三个步骤进行：

1. 根据发生的经济业务设置相应的会计科目和账户并判断其增加还是减少。

2. 根据上述分析，确定它所涉及的账户的性质，是资产要素的变化，还是负债或所有者权益要素的变化；哪些要素增加，哪些要素减少，或都是增加，都是减少，等等。

3. 决定该账户的结构，即应记录的方向是借方还是贷方以及各账户应计金额。

【例】 中信公司 2011 年 12 月 31 日资产、负债及所有者权益各账户的期末余额如下（金额单位：元）

资产类账户	金　额	负债及所有者权益类账户	金　额
库存现金	1 000	短期借款	150 000
银行存款	49 000	应付账款	100 000
应收账款	80 000	应付职工薪酬	30 000
原材料	220 000	应付利润	40 000
固定资产	230 000	实收资本	180 000
		资本公积	80 000
总计	580 000	总计	580 000

从上表中，我们可以看到：资产（580 000）=负债（320 000）+所有者权益（260 000）

中信公司2012年1月份，发生以下业务：

【例1】中信公司2012年1月投资者继续投入货币资金200 000元，手续已办妥，款项已转入本公司的存款户头。

分析：一方面，“银行存款”增加，资产类账户，通过账户的借方反映；另一方面“实收资本”增加，所有者权益账户，通过账户的贷方反映。

该业务属于等式两边资产与所有者权益等额增加业务。

借	银行存款	贷	借	实收资本	贷
(2) 200 000					(1) 200 000

【例2】中信公司向新乐公司购买所需原材料，但由于资金周转紧张，料款70 000元尚未支付。

分析：一方面“原材料”增加，资产类账户，通过账户的借方反映；另一方面“应付账款”增加，负债类账户，通过账户的贷方反映。

该业务属于等式两边资产与负债等额增加业务。

借	原材料	贷	借	应付账款	贷
(2) 70 000					(2) 70 000

【例3】中信公司通过银行转账支付给银行于本月到期的银行借款80 000元。

分析：一方面“银行存款”减少，资产类账户，通过账户的贷方反映；另一方面“短期借款”减少，负债类账户，通过账户的借方反映。

该业务属于等式两边的资产与负债同时等额减少业务。

借 短期借款 贷		借 银行存款 贷	
（3）80 000			（3）80 000

【例 4】上级主管部门按法定程序将一台价值 100 000 元的设备调出，以抽回国家对中信公司的投资。

分析：一方面“固定资产”减少，资产类账户，通过账户的贷方反映；另一方面“实收资本”减少，所有者权益类账户，通过账户的借方反映。

该业务属于等式两边的资产与所有者权益同时等额减少。

借 实收资本 贷		借 固定资产 贷	
（4）100 000			（4）100 000

【例 5】中信公司开出转账支票 40 000 元，购买 1 台电子仪器。

分析：一方面“固定资产”增加，资产类账户，通过账户的借方反映；另一方面“银行存款”减少，资产类账户，通过账户的贷方反映。

该业务属于等式左边的资产内一增一减业务。

借 固定资产 贷		借 银行存款 贷	
（5）40 000			（5）40 000

【例 6】中信公司开出一张面值为 50 000 元的商业汇票，以抵偿原欠新乐公司的料款。

分析：一方面“应付票据”增加，负债类账户，通过账户的贷方反映；另一方面“应付账款”减少，负债类账户，通过账户的借方反映。

该业务属于等式右边的负债内一增一减业务。

借 应付账款 贷		借 应付票据 贷	
（6）50 000			（6）50 000

【例 7】中信公司按法定程序将资本公积 60 000 元转增资本金

分析：一方面“实收资本”增加，所有者权益类账户，通过账户的贷方反映；另一方面“资本公积”减少，所有者权益类账户，通过账户的借方反映

该业务属于等式右边的所有者权益内一增一减业务。

借 资本公积 贷		借 实收资本 贷	
(7) 60 000			(7) 60 000

【例 8】中信公司按法定程序将应支付给投资者的利润 20 000 元转增资本金。

分析：一方面"实收资本"增加，所有者权益类账户，通过账户的贷方反映；另一方面"应付利润"减少，负债类账户，通过账户的借方反映。

该业务属于等式右边的所有者权益与债权人权益等额减的业务。

借 应付利润 贷		借 实收资本 贷	
(8) 20 000			(8) 20 000

【例 9】中信公司已承诺代甲公司偿还甲公司前欠乙公司的货款 90 000 元，但款项尚未支付。与此同时，办妥相关手续，冲减甲公司在中信公司的投资。

分析：一方面"应付账款"增加，负债类账户，通过账户的贷方反映；另一方面"实收资本"减少，所有者权益类账户，通过账户的借方反映。

该业务属于等式右边的负债及所有者权益类项目之间有增有减的业务。

借 实收资本 贷		借 应付账款 贷	
(9) 90 000			(9) 90 000

以上例子，已经概括了企业的所有业务类型，而无论哪种类型的经济业务，都是以相等的金额同时记人有关账户的借方和另一账户的贷方。这样就可以归纳出借贷记账法的记账规则为"有借必有贷，借贷必相等"。

（五）借贷记账法下的会计分录

1. 账户的对应关系和对应账户

在运用借贷记账法进行核算时，在有关账户之间存在着应借、应贷的相互关系，账户之间的这种相互关系称为账户的对应关系，存在对应关系的账户称为对应账户。

掌握账户的对应关系很重要，通过账户的对应关系可以了解经济业务的内容，检查对经济业务的处理是否合理合法。

2. 会计分录

在借贷记账法下，会计分录是指对某项经济业务标明其应借应贷方向、科目名称和金额的记录。会计分录包含三项要素：记账方向、账户名称和金额。

会计分录有简单会计分录与复杂会计分录两种。只涉及两个账户的会计分录就是简单会计分录，如"一借一贷"的会计分录。

以上列举的九笔会计分录都是简单会计分录，将上述的例子核算事项用会计分录表示为：

【例 1】借：银行存款　200 000
　　　　贷：实收资本　200 000

【例 2】借：原材料　70 000
　　　　贷：应付账款　70 000

【例 3】借：短期借款　80 000
　　　　贷：银行存款　80 000

【例 4】借：实收资本　100 000
　　　　贷：固定资产　100 000

【例 5】借：固定资产　40 000
　　　　贷：银行存款　40 000

【例 6】借：应付账款　50 000
　　　　贷：应付票据　50 000

【例 7】借：资本公积　60 000
　　　　贷：实收资本　60 000

【例 8】借：应付股利　20 000
　　　　贷：实收资本　20 000

【例 9】借：实收资本　90 000
　　　　贷：应付账款　90 000

凡涉及两个以上账户的会计分录就是复合分录。如“一借多贷”、“一贷多借”的会计分录。对复合分录举例如下：

【例】 某公司购买原材料一批，价值 98 000 元，其中银行存款支付 48 000 元，其余款项尚未支付。

借：原材料　　　98 000
　贷：银行存款　48 000
　　　应付账款　50 000

3. 记账

各项经济业务编制会计分录以后，即应记入有关账户，这个记账步骤通常称为“过账”。过账以后，一般要在月末进行结账，即结算出各账户的本期发生额合计和期末余额，现将中信公司 2012 年 1 月发生以上经济业务的会计分录记入下列各账户。

借　　库存现金	贷
期初余额 1 000	
本期发生额—	本期发生额—
期末余额 1 000	

借　　应付职工薪酬	贷
	期初余额 30 000
本期发生额—	本期发生额—
	期末余额 30 000

借	银行存款 贷
期初余额 49 000	
（1）200 000	（3）80 000 （5）40 000
本期发生额： 200 000	本期发生额： 120 000
期末余额 129 000	

借	应付账款 贷
	期初余额 100 000
（6）50 000	（2）70 000 （9）90 000
本期发生额： 50 000	本期发生额： 160 000
	期末余额 210 000

借	原材料 贷
期初余额 22 000	
（2）70 000	
本期发生额： 70 000	本期发生额： —
期末余额 92 000	

借	短期借款 贷
	期初余额 150 000
（3）80 000	
本期发生额： 80 000	本期发生额： —
	期末余额 70 000

借	原材料 贷
期初余额 22 000	
（2）70 000	
本期发生额： 70 000	本期发生额： —
期末余额 290 000	

借	应付票据 贷
	期初余额 0
	（6）50 000
本期发生额： —	本期发生额： 50 000
	期末余额 50 000

借	应付股利 贷
期初余额 230 000	
（5）40 000	（4）100 000
本期发生额： 40 000	本期发生额： 100 000
期末余额 170 000	

借	资本公积 贷
	期初余额 80 000
（7）60 000	
本期发生额： 60 000	本期发生额： —
	期末余额 20 000

借　应收账款	贷
期初余额 80 000	
本期发生额：	本期发生额：
期末余额 80 000	

借　实收资本	贷
	期初余额 180 000
（4）100 000 （9）90 000	（1）200 000 （7）60 000 （8）20 000
本期发生额： 190 000	本期发生额： 280 000 期末余额 270 000

（六）试算平衡

企业对日常发生的经济业务都要记入有关账户，稍有疏忽，便有可能发生差错。因此，对全部账户的记录必须定期进行试算，以验证账户记录是否正确。

试算平衡是指根据会计恒等式“资产=负债+所有者权益”以及借贷记账法的记账规则，通过汇总、检查和验算确定所有账户记录是否正确的过程。它包括发生额试算平衡和余额试算平衡。

1．发生额试算平衡

发生额平衡包括两方面的内容：

一是每笔会计分录的发生额平衡，即每笔会计分录的借方发生额必须等于贷方发生额，这是由借贷记账法的记账规则决定的；

二是本期发生额的平衡，即本期所有账户的借方发生额合计必须等于所有账户的贷方发生额合计。

这种平衡关系用公式表示为：

本期全部账户借方发生额合计=本期全部账户贷方发生额合计

案例见表 4-7：

表 4-7　发生额试算平衡表　　单位：元

会计科目	本期发生额	
	借方	贷方
库存现金		
银行存款	200 000	120 000
原材料	70 000	
固定资产	40 000	100 000
短期借款	80 000	
应付票据		50 000
应付账款	50 000	160 000

续表4-7

会计科目	本期发生额	
	借方	贷方
应付职工薪酬		
应付股利	20 000	
实收资本	190 000	280 000
资本公积	60 000	
合计	710 000	710 000

2. 余额试算平衡

余额平衡是指所有账户的借方余额之和与所有账户的贷方余额之和相等。余额试算平衡就是根据此恒等关系，来检验本期记录是否正确的方法。这是由“资产＝负债＋所有者权益”的恒等关系决定的。

在某一时点上，有借方余额的账户应是资产类账户，有贷方余额的账户应是权益类账户，分别合计其金额，即是具有相等关系的资产与权益总额。根据余额的时间不同，可分为期初余额平衡和期末余额平衡。

本期的期末余额平衡，结转到下一期，就成为下一期的期初余额平衡。这种关系也可用下列公式表示：

资产＝负债＋所有者权益

本期期末资产借方余额＝本期期末负债贷方余额＋本期期末所有者权益贷方余额

本期期末全部账户的借方余额合计＝本期期末全部账户的贷方余额合计

在实际工作中，本项工作是通过编制余额试算平衡表进行的，见表4-8。

表4-8　余额试算平衡表　　单位：元

会计科目	期末余额	
	借方	贷方
库存现金	1 000	
银行存款	129 000	
应收账款	80 000	
原材料	290 000	
固定资产	170 000	
短期借款		70 000
应付票据		50 000
应付账款		210 000
应付职工薪酬		30 000
应付股利		20 000

续表4－8

会计科目	期末余额	
	借方	贷方
实收资本		270 000
资本公积		20 000
合计	670 000	670 000

应该看到，试算平衡表只是通过借贷金额是否平衡来检查账户记录是否正确，而有些错误对于借贷双方的平衡并不发生影响。因此，在编制试算平衡表时对以下问题引起注意：

（1）必须保证所有账户的余额均已记入试算平衡表。因为会计等式是对六项会计要素整体而言的，缺少任何一个账户的余额，都会造成期初或期末借方与贷方余额合计不相等。

（2）如果借贷不平衡，肯定账户记录有错误，应认真查找，直到实现平衡为止。

（3）如果借贷平衡，则并不能说明账户记录绝对正确，因为有些错误对于借贷双方的平衡并不发生影响。例如：

①某项经济业务，将使本期借贷双方的发生额减少，借贷仍然平衡；

②重记某项经济业务，将使本期借贷双方的发生额发生等额虚增，借贷仍然平衡；

③某项经济业务记错有关账户，借贷仍然平衡；

④某项经济业务颠倒了记账方向，借贷仍然平衡；

⑤借方或贷方发生额中，偶然一多一少并相互抵消，借贷仍然平衡。

在实际工作中也可将发生额及余额试算平衡表合并编表，见表4－9。

表4－9 发生额及余额试算平衡表 单位：元

会计科目	期初余额		本期发生额		期末余额	
	借方	贷方	借方	贷方	借方	贷方
库存现金	1 000				1 000	
银行存款	49 000		200 000	120 000	129 000	
应收账款	80 000				80 000	
原材料	220 000		70 000		290 000	
固定资产	230 000		40 000	100 000	170 000	
短期借款		150 000	80 000			70 000
应付票据				50 000		50 000
应付账款		100 000	50 000	160 000		210 000
应付职工薪酬		30 000				30 000

续表

会计科目	期初余额		本期发生额		期末余额	
	借方	贷方	借方	贷方	借方	贷方
应付股利		40 000	20 000			20 000
实收资本		180 000	190 000	280 000		270 000
资本公积		80 000	60 000			20 000
合计	580 000	580 000	710 000	710 000	670 000	670 000

思考：借贷记账法的记账规则是什么？

任务 4.3　总分类账和明细分类账

【目标】　学习总账与明细账的设置与使用。
【能力】　掌握总账与明细账的平行登记法。

一、总分类账户和明细分类账户的设置

设置会计账户是会计核算的一种专门方法，其开设与会计科目的设置相适应。会计科目按提供核算资料的详细程度分为总账科目（一级科目）、二级明细科目和三级明细科目。会计账户也相应地分为总分类账（一级账户）和明细分类账（二级、三级账户）。

（一）总分类账户的设置

通过总分类账户对经济业务进行的核算称为总分类核算，只能用货币度量。

（二）明细分类账户的设置

通过明细分类账户对经济业务进行的核算称为明细分类核算。明细分类核算除了能用货币度量外，有些账户还要用实物度量。

（三）总分类账户和明细分类账户的关系

总分类账户统驭明细分类账户，明细分类账户则对总分类账户起着进一步补充说明的作用。用图表示总分类账与明细分类账户，见下表：

"原材料"总账和明细账会计科目

总账科目（一级科目）	明细科目	
	二级科目（子目）	三级科目（细目）
原材料	原料及主要材料	圆钢、角钢
	辅助材料	润滑剂、石炭酸
	燃　料	汽油、原煤

二、总分类账户与明细分类账户的平行登记

为了使总分类账对其所属的明细分类账能起到统驭、控制与辅助、补充的作用，便于账户核对，确保核算资料的正确、完整，必须采用平行登记的方法登记总分类账及其所属的明细分类账。所谓平行登记，是指经济业务发生后，根据会计凭证一方面登记有关的总分类账户，另一方面又要登记该总分类账户所属的各有关明细账户。具体地说，平行登记包括以下几个要点：

（一）依据相同

对发生的经济业务，都要以相关的会计凭证为依据，既登记有关总分类账户，又登记其所属明细分类账户。

（二）方向相同

将经济业务记入总分类账和明细分类账时，记账方向必须相同。即总分类账户记入借方，明细分类账户也记入借方；总分类账户记入贷方，明细分类账户也记入贷方。

（三）期间相同

对每项经济业务在记入总分类账户和明细分类账户过程中，可以有先有后，但必须在同一会计期间全部登记入账。

（四）金额相等

记入总分类账户的金额，应与记入其所属明细分类账户的金额合计相等。这里包含以下含义：

总分类账户本期发生额与其所属明细分类账户本期发生额之合计相等；

总分类账户期末余额与其所属明细分类账户期末余额之合计相等。

三、总分类账户与明细分类账户平行登记的结果如下：

严格按照上述规则记账，总分类账户期初余额与其所属明细分类账户的期初余额合计数相等，总分类账户期末余额与其所属明细分类账户的期末余额合计数也必然相等。

详细地说也就是：

（一）总分类账户本期发生额=其所属明细分类账户本期发生额合计

注：本期发生额公式可拆成两个公式

总分类账户本期借方发生额=其所属明细分类账户本期借方发生额合计

总分类账户本期贷方发生额=其所属明细分类账户本期贷方发生额合计

（二）总分类账户期初余额=其所属明细分类账户期初余额合计

（三）总分类账户期末余额=其所属明细分类账户期末余额合计

思考：平行登记法的记账要点是什么？

项目 5　工业企业典型业务核算

【主要任务内容】

任务 5.1　工业企业业务核算预备知识
任务 5.2　资金筹集业务的核算
任务 5.3　采购供应过程的核算
任务 5.4　生产过程的核算
任务 5.5　销售过程的核算
任务 5.6　财务成果形成及分配的核算

【任务目标】

通过对项目 5 的学习和探索，了解制造企业的主要经济业务内容，理解账户设置的主要经济业务账户之间的对应关系，掌握企业资金筹集、生产准备、产品生产、产品销售和财务成果的形成与分配等业务的核算，掌握企业产品成本计算的内容、程序和基本方法。

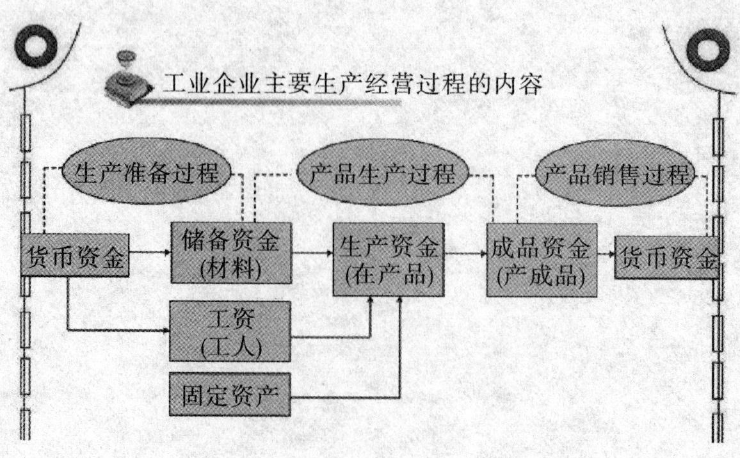

任务5.1 工业企业业务核算预备知识

【目标】 认识工业企业主要经营过程核算的内容。
【能力】 掌握工业企业主要经营过程核算。

一、工业企业主要经营过程核算的内容

（一）工业企业的基本任务

工业企业也称制造业，是适应市场要求自主经营、自负盈亏、自我发展、自我约束的商品生产和经营单位。工业企业的基本任务是生产产品，满足社会各方的需要。

（二）工业企业主要经营过程核算的内容

工业企业为了进行生产经营，必须拥有一定数量的资金或资本，那么就需要进行筹资。工业企业生产经营过程是以生产为中心的供应、生产、销售环节的统一体，经营的目的是为了获得利润。利润是指企业在生产经营过程中形成的财务成果，如果企业有利润就应当向国家缴纳所得税，并对税后利润即净利润进行分配。

工业企业主要经营过程核算的内容及流程如下图所示：

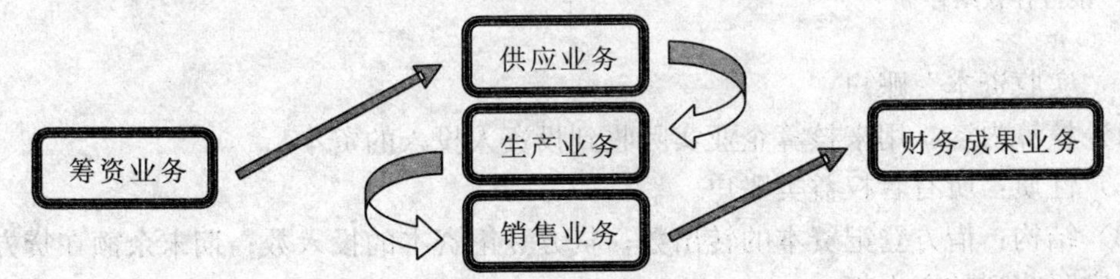

思考：工业企业的生产经营过程包括哪些内容？

任务5.2 资金筹集业务的核算

【目标】 认识资金运动的第一环节——资金的筹集
【能力】 掌握各种筹集资金方式的账务处理

一、接受投资的核算

投资者投入企业的资金主要形成资本金。资本金是指企业在工商行政管理部门登记的注册资金，也是企业依法筹集、长期拥有、可自主支配的资金。资本金按其投资主体的不同，可分为国家投入资本、法人投入资本、个人投入资本和外商投入资本。企业接受投资人投入的资本金，可以是货币形式、实物形式，也可以是无形资产，如现金、存货、固定资产、商标权等。

投资者投入企业的资金，虽属投资者所有，但在企业存续期间应当保全，除法律法规另有规定外，只能依法转让，不得抽回。

（一）设置账户

1.“银行存款”账户

（1）核算内容：用来核算企业存放在银行的款项。

（2）性质：资产类账户。

（3）结构：借方登记存款的增加数；贷方登记存款的减少数；期末余额在借方，表示银行存款结存额。

表 5-1

借方	银行存款	贷方
银行存款的增加数		银行存款的减少数
银行存款结存额		

2.“实收资本”账户

（1）核算内容：用来核算企业实际收到投资人投入的资本。

（2）性质：所有者权益类账户。

（3）结构：借方登记资本的转出数；贷方登记资本的投入数；期末余额在贷方，表示企业实际收到的资本额。

（4）明细账设置：该账户应按投资者的名称设置明细账。

表 5-2

借方	实收资本	贷方
资本的转出数		资本的投入数
		收到的资本额

3.“固定资产”账户

（1）核算内容：用来核算企业所有固定资产的原始价值。

（2）性质：资产类账户。

（3）结构：借方登记增加固定资产的原始价值；贷方登记减少固定资产的原始价

值；期末余额在借方，表示企业现有固定资产的原始价值。

（4）明细账设置：该账户按固定资产的使用部门和固定资产的项目或名称设置明细账。

表 5—3

借方	固定资产	贷方
增加固定资产的原始价值		减少固定资产的原始价值
		现有固定资产的原始价值

（二）账务处理

企业收到投资人投入的现金或财产物资时，应以实际收到或存入企业开户银行的金额或投资各方确认的价值，增加企业的相关资产及“实收资本”账户。

【例 1】 收到投资者投入的现金 220 000 元，其中国家投入资金 100 000 元，三元公司投入资金 80 000 元，李华个人投入资金 40 000 元，款项存入银行。作会计分录如下：

借：银行存款　　　　　　　　220 000
　　贷：实收资本——国家投资　100 000
　　　　　　　　——三元公司　80 000
　　　　　　　　——李华　　　40 000

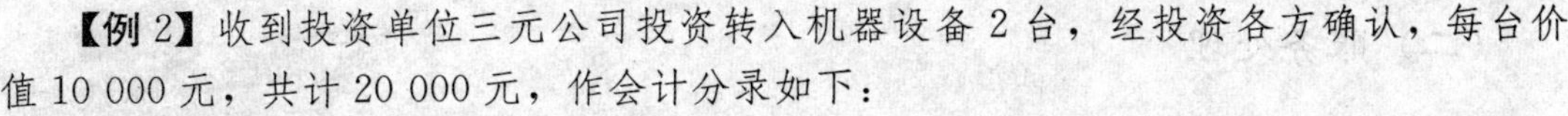

【例 2】 收到投资单位三元公司投资转入机器设备 2 台，经投资各方确认，每台价值 10 000 元，共计 20 000 元，作会计分录如下：

借：固定资产　　　　　　　　20 000
　　贷：实收资本——三元公司　20 000

二、借入资金的核算

借入资金是指依法筹集、依法使用，到期偿还本息的资金，主要通过向银行或其他金融机构借款、结欠其他单位货款等形式筹集。借款按偿还期长短，可分为短期借款和长期借款。短期借款是指企业从银行借入的偿还期在一年以内（含一年）的款项。长期借款是指企业从银行借入的偿还期在一年以上的款项。

（一）设置账户

1. “短期借款”账户

（1）核算内容：用来核算企业从银行或其他金融机构等借入的期限在一年以内（含一年）的各种款项。

（2）性质：负债类账户。

（3）结构：贷方登记短期借款的增加数；借方登记短期借款的减少数；期末余额在

贷方，表示企业尚未归还的短期借款额。

（4）明细账设置：该账户按债权人和借款种类设置明细账。

表 5-4

借方	短期借款	贷方
短期借款的减少数		短期借款的增加数
		尚未归还的短期借款额

2.“长期借款”账户

（1）核算内容：用来核算企业从银行或其他金融机构等借入的期限在一年以上的各种款项。

（2）性质：负债类账户。

（3）结构：贷方登记长期借款的增加数；借方登记长期借款的减少数；期末余额在贷方，表示企业尚未归还的长期借款额。

（4）明细账设置：该账户按债权人和借款种类设置明细账。

表 5-5

借方	长期借款	贷方
长期借款的减少数		长期借款的增加数
		尚未归还的长期借款额

（二）账务处理

【例 3】向银行借入为期半年的借款 30 000 元，存入银行。

作会计分录如下：

借：银行存款　　　　　　30 000

　　贷：短期借款　　　　30 000

思考：资金筹集主要有哪些方式？分别是如何进行账务处理的？

任务 5.3　采购供应过程的核算

【目标】　认识供应过程资金的核算与程序。

【能力】　掌握采购原料业务的账务处理。

一、供应过程核算的主要内容

供应过程又称采购过程，是指企业用资金购买材料等劳动对象为产品进行物资准备

的过程。供应过程通常从采购物资开始，至物资验收入库为止。

供应过程核算的主要内容有以下几个方面：

（一）按照购销合同确定的价格和规定的结算方式确认和支付材料的买价及增值税进项税额。

（二）支付各项采购费用，如将材料从供应单位运到企业仓库所发生的运输费、装卸搬运费、保险费等。

（三）计算确认材料采购成本。

（四）材料验收入库。

（五）与供应单位结清应付债务。

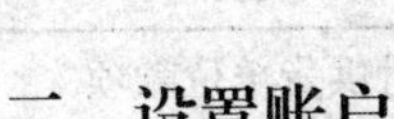

二、设置账户

1. “在途物资”账户

（1）核算内容：用来核算企业购入各种材料、物资的买价和采购费用，据以确定材料、物资的实际采购成本。

（2）性质：资产类账户。

（3）结构：借方登记购入材料、物资的买价和采购费用；贷方登记经验收入库转入“原材料”账户借方的材料、物资的实际采购成本；月末结转后一般无余额。如有借方余额，则为尚未验收入库的在途材料、物资。

（4）明细账设置：该账户应按购入材料的种类或品种设置明细账。

表 5-6

借方　　在途物资	贷方
购入材料的买价和采购费用	验收入库材料的采购成本
尚未验收入库的在途材料采购成本	

2. “原材料”账户

（1）核算内容：用来核算企业库存的各种材料的实际成本。

（2）性质：资产类账户。

（3）结构：借方登记经验收入库的各种材料的实际成本；贷方登记发出材料的实际成本；期末余额在借方，表示库存各种材料的金额。

（4）明细账设置：该账户应按购入材料类别、品种及规格设置明细账。

表 5-7

借方　　原材料	贷方
入库材料的实际成本	发出材料的实际成本
库存材料的实际成本	

3. “应付账款”账户

(1) 核算内容：用来核算企业因购买材料、物资和接受劳务等应付给供应单位的款项。

(2) 性质：负债类账户。

(3) 结构：贷方登记应付款项的增加数；借方登记应付款项的减少数；期末余额在贷方，表示企业尚未偿还的应付账款。

(4) 明细账设置：该账户应按供应单位的名称设置明细账。

表 5-8

借方	应付账款 贷方
偿还的款项	应付供货单位款项
	尚未偿还的应付款项

4. “预付账款”账户

(1) 核算内容：用来核算企业按照购货合同规定预付给供应单位的款项。

(2) 性质：资产类账户。

(3) 结构：借方登记按照合同规定预付给供应单位的款项；贷方登记收到所购货物和退回多付的款项；期末余额在借方，表示企业实际预付的款项，期末如为贷方余额，表示企业尚未补付的款项。

(4) 明细账设置：该账户应按供应单位设置明细账。

表 5-9

借方	预付账款 贷方
预付给供应单位的货款和补付的款项	收到所购货物和退回多付的款项
实际预付的款项	企业尚未补付的款项

5. “应交税费”账户

(1) 核算内容：用来核算企业应缴纳的各种税金。

(2) 性质：负债类账户。

(3) 结构：贷方登记应交税金的增加数；借方登记应交税金的减少数；期末余额在贷方，表示企业尚未缴纳的税金；期末如为借方余额，表示企业多缴或未抵扣的税金。

(4) 明细账设置：该账户按税种进行明细核算。“应交增值税”子目下设“进项税额”、“销项税额”、“已交税金”和“进项税额转出”等细目。一般情况下“进项税额”、“已交税金”的发生额在借方，反映企业购进货物或接受应税劳务支付的进项税额和交纳本月应交的增值税；“销项税额”、“进项税额转出”的发生额在贷方，反映企业销售货物或提供应税劳务应交纳的销项税额和因改变用途而转出的增值税额。

表 5－10

借方	应交税费—应交增值税	贷方
采购材料时支付的进项税额 已交税务部门的税金		销售商品时收取的销项税额
尚未抵扣的进项税额		如果是贷方余额：尚未交纳的税额

三、账务处理

供应过程的主要经济业务是采购材料。在购进材料时，一般会发生购入材料预付货款、立即支付货款和暂欠货款三种情况。同时发生支付材料采购费用、支付增值税进项税额、结转材料实际采购成本等经济业务。

【例 4】 向四方工厂购入甲材料 6 000 千克，@14 元，计 84 000 元，增值税进项税额 14 280 元（增值税率 17%，下同），款项以银行存款支付。作会计分录如下：

借：在途物资——甲材料　　84 000
　　应交税费——应交增值税（进项税额）　　14 280
　　贷：银行存款　　98 280

【例 5】 以现金支付甲材料装卸费 720 元，以银行存款甲材料运费2 880元（不考虑运输费用的增值税）。作会计分录如下：

借：在途物资——甲材料　　3 600
　　贷：库存现金　　720
　　　　银行存款　　2 880

【例 6】 上项甲材料已验收入库，按其实际采购成本转账。作会计分录如下：

借：原材料——甲材料　　87 600
贷：在途物资——甲材料　　87 600

【例 7】 按合同约定，为购买乙材料以银行存款39 134元预付五华公司货款。作会计分录如下：

借：预付账款——五华公司　　39 134
　　贷：银行存款　　39 134

【例 8】 向五华公司购入乙材料4 400千克，@5.50 元，计24 200元，增值税进项税额4 114元，材料采购费用 820 元，共计29 134元，货款尚未支付。乙材料已验收入库，按其实际采购成本转账。作会计分录如下：

乙材料实际采购成本＝24 200＋820＝25 020（元）

借：在途物资——乙材料　　25 020
　　应交税费——应交增值税（进项税额）　　4 114
　　贷：预付账款——五华公司　　29 134

借：原材料——乙材料　　25 020
　　贷：在途物资——乙材料　　25 020

【例 9】向六合工厂购入甲材料3 000千克，@14 元，计42 000元；乙材料 800 千克，@5.50 元，计4 400元，增值税进项税额共计7 888元，采购以上两种材料，发生共同采购费用2 280元，按重量比例分配后，甲材料负担1 800元，乙材料负担 480 元。货款尚未支付。作会计分录如下：

甲材料实际采购成本=42 000+1 800=43 800（元）

乙材料实际采购成本=4 400+480=4 880（元）

借：在途物资——甲材料　　43 800
　　　　　　——乙材料　　4 880
　　应交税费——应交增值税（进项税额）　　7 888
　　贷：应付账款——六合工厂　　56 568

【例 10】以银行存款偿付前欠六合工厂56 568元。作会计分录如下：

借：应付账款——六合工厂　　56 568
　　贷：银行存款　　56 568

【例 11】前例中甲、乙两种材料验收入库，按其实际采购成本转账。作会计分录如下：

借：原材料——甲材料　　43 800
　　　　　——乙材料　　4 880
　　贷：在途物资——甲材料　　43 800
　　　　　　　　——乙材料　　4 880

四、材料采购成本的计算

（一）材料采购成本

1. 材料采购成本项目

（1）买价，供应单位的发票价格，可直接列入相关材料的采购成本。

（2）运杂费，包括运输费、装卸费、保险费、仓储费等。采购人员的差旅费以及市内零星运杂费等不计入材料采购成本，而作为管理费用列支。

（3）运输途中的合理损耗，指企业与供应或运输部门所签订的合同中规定的合理损耗或必要的自然损耗。

（4）入库前的挑选整理费用，指购入的材料在入库前需要挑选整理而发生的费用，包括挑选过程中所发生的工资、费用支出和必要的损耗，但要扣除下脚残料的价值。

（5）购入材料负担的税金（如关税等）和其他费用等。

2. 材料采购成本的计算

材料采购成本的计算公式为：

材料采购成本=买价+采购费用

在计算某材料应负担的采购费用时，凡能分清为采购该材料而支付的采购费用的，可直接计入该材料的采购成本。凡不能分清的，如为购进几种材料共同发生的运输费用，则应采用合理的分配标准，分配计入各种材料的采购成本。分配公式为：

采购费用分配率=共同发生的采购费用 / 分配标准之和

上式中的分配标准，可选择购入材料的重量、体积、买价等，在实际工作中，可根据具体情况选择使用。

某材料应分摊的采购费用=该种材料的分配标准×分配率

3. 计算举例

上述【例 9】中采购 A、B 两种材料共同发生的采购费用 2 280元，按材料重量比例，计算甲、乙两种材料应摊配的采购费用如下：

材料采购费用分配率=2 280/（3 000+800）=0.6

A 材料应摊配的采购费用=3 000×0.6=1 800（元）

B 材料应摊配的采购费用=800×0.6=480（元）

A 材料采购成本=42 000+1 800=43 800（元）

B 材料采购成本=4 400+480=4 880（元）

（二）在途物资明细账和材料采购成本计算表

各种材料的实际采购成本，可以根据在途物资明细分类账的资料计算求得。在途物资明细分类账的借方按照材料采购成本的组成内容分项目列示，登记购入材料的实际采购成本；贷方登记已经验收入库的实际采购成本。

现以【例 4】至【例 9】的会计事项，列示在途物资明细分类账的登记，见表 5-11、5-12。

表 5-11　在途物资明细分类账

材料名称：甲材料

××年		凭证号数	摘要	借方			贷方	余额
月	日			买价	采购费用	合计		
略	略	(4)	购入6 000千克@14.00	84 000		84 000		84 000
		(5)	运杂费		3 600	3 600		87 600
		(6)	结转实际采购成本				87 600	0
		(9)	购入3 000千克@14.00	42 000	1 800	43 800		43 800
		(11)	结转实际采购成本				43 800	0
			本期发生额及余额	126 000	5 400	131 400	131 400	0

表 5-12　在途物资明细分类账

材料名称：乙材料

××年		凭证号数	摘要	借方			贷方	余额
月	日			买价	采购费用	合计		
略	略	(7)	购入4 400千克@5.50	24 200	820	25 020		25 020
		(7)	结转实际采购成本				25 020	0
		(9)	购入 800 千克@5.50	4 400	480	4 880		4 880
		(11)	结转实际采购成本				4 880	0
			本期发生额及余额	28 600	1 300	29 900	29 900	0

根据以上在途物资明细分类账的记录，计算各种材料的实际采购总成本和单位成本，见表 5-13。

表 5-13　在途物资成本计算表

成本项目	甲材料（9 000千克）		乙材料（5 200千克）	
	总成本	单位成本	总成本	单位成本
买价	126 000	14.00	28 600	5.50
采购费用	5 400	0.60	1 300	0.25
材料采购成本	131 400	14.60	29 900	5.75

思考：采购物资时所发生的费用如何核算？

任务5.4　生产过程的核算

【目标】　认识生产过程中资金运动。

【能力】　掌握生产业务的账务处理。

一、生产过程业务的核算内容

生产过程是指企业从材料投入生产到产品完工验收入库的过程，是工业企业资金循环的第二阶段。一方面，企业要制造产品，另一方面，为制造产品，企业必然要发生各种耗费如消耗材料、支付人工费等。因此生产过程核算的主要内容有两个：一是核算生产过程中费用的发生、归集和分配；二是核算产品生产成本。

（一）生产过程中各项费用的分类

企业在生产经营过程中所发生的各项费用，按其经济用途分类，可分为直接材料、直接人工、制造费用和期间费用。

1. 直接材料：指企业在生产过程中直接用于产品生产的材料。

2. 直接人工：指企业直接从事产品生产的工人薪酬。

3. 制造费用：指企业为生产产品而发生的各项间接费用。

4. 期间费用：指在会计期间内为企业提供一定的生产条件，以保持企业产销能力而发生的费用，包括销售费用、管理费用和财务费用。

（1）销售费用：指企业在销售商品过程中发生的各项费用以及专设销售机构的各项经费。

（2）管理费用：指企业为管理和组织企业生产经营活动而发生的各项费用。

（3）财务费用：指企业为筹集生产经营所需资金而发生的各项费用。

（二）产品成本的计算

产品成本项目包括：直接材料、直接人工和制造费用。不是生产经营过程中所发生的各项费用都计入产品的成本，只有企业发生的生产费用即直接材料、直接人工和制造费用按成本对象归集后计入各产品成本，期间费用不能计入产品成本，应计入当期损益。

产品生产成本的计算过程就是按不同的成本计算对象归集分配费用的过程。企业发生的生产费用，若只为生产某种产品而直接发生的，应当在费用发生时直接计入该产品的成本；若为生产多种产品共同发生的间接费用即制造费用，月末应采用适当的分配标准对其进行分配计入各产品成本中。

各产品生产成本＝生产该产品的直接材料费＋生产该产品的直接人工费＋月末转来

的该产品承担的制造费用

制造费用的分配标准有很多，如产品生产工时、生产工人工资等。制造费用分配率的计算公式为：

制造费用分配率＝制造费用总额 / 确定的分配标准之和

某产品应承担的制造费用＝该产品的分配标准×制造费用分配率

【例 12】某企业某车间生产 M、N 两种产品。本月初投产，本月末完工。本月生产 M、N 产品发生的直接材料费分别为200 000元和300 000元，生产 M、N 产品发生的直接人工费分别为50 000元和80 000元，本月该车间发生制造费用20 000元，M、N 两种产品共耗用机器工时分别为 200 工时和 300 工时，制造费用按生产工时进行分配。

制造费用分配率＝20 000/（200＋300）＝40

M 产品应当承担的制造费用＝40×200＝8 000（元）

N 产品应当承担的制造费用＝40×300＝12 000（元）

M 产品生产成本＝200 000＋50 000＋8 000＝258 000（元）

N 产品生产成本＝300 000＋80 000＋12 000＝392 000（元）

二、账户设置

1. “生产成本”账户

（1）核算内容：核算企业在产品生产过程中所发生的一切费用并据以计算确定完工产品的实际生产成本。

（2）性质：成本类账户。

（3）结构：借方登记实际发生的生产费用；贷方登记已经生产完工验收入库的产成品的实际生产成本；期末借方余额为尚未完工的在产品的实际生产成本。

（4）明细账设置：该账户应按产品品种设置明细账。

表 5－14

借方　　　　生产成本	贷方
生产产品所发生的直接材料和直接人工、制造费用	末转出完工并验收入库产品的制造费用
尚未完工的在产品成本	

2. “制造费用”账户

（1）核算内容：核算企业为生产产品和提供劳务发生的，不能直接计入产品成本的各项间接费用，包括企业各个生产单位（车间、分厂）为组织和管理生产所发生的管理人员工资和福利费，生产单位房屋建筑物、机器设备等的折旧费，以及修理费、机物料消耗、水电费、办公费、差旅费、运输费、保险费等。

（2）性质：成本类账户。

（3）结构：借方登记实际发生的制造费用；贷方登记转入“生产成本”账户借方，应由各种产品成本负担的制造费用；该账户月末一般无余额。

（4）明细账设置：该账户应按生产单位设置明细账。

表 5-15

借方	制造费用　　　　贷方
车间或部门发生的各项间接费用	分配转入“生产成本”账户借方应由各种产品负担费用

3.“应付职工薪酬”账户

（1）核算内容：核算企业根据有关规定应给职工的各种薪酬，包括职工工资、奖金、津贴和补贴、职工福利费，以及医疗、养老、失业、生育等社会保险费和住房公积金、工会经费、职工教育经费、非货币性福利等因职工提供服务而产生的义务。

（2）性质：负债类账户。

（3）结构：贷方登记已分配计入有关成本费用项目的职工薪酬的数额；借方登记实际发放职工薪酬数额；期末贷方余额，反映应付未付的职工薪酬。

（4）明细账设置：该账户应按应付职工薪酬的项目设置明细账。

表 5-16

借方	应付职工薪酬　　　　贷方
实际发放职工薪酬数额	发生的职工薪酬分配计入有关成本费用项目的数额
	企业应付未付的职工薪酬

4.“累计折旧”账户

（1）核算内容：核算企业固定资产的累计折旧额，是“固定资产”的抵减账户。

（2）性质：资产类账户。

（3）结构：借方登记折旧的减少数或转销数；贷方登记折旧的增加数；期末贷方余额反映企业累计已提固定资产的折旧数额。

（4）明细账设置：该账户不设置明细分类账户。

表 5-17

借方	累计折旧　　　　贷方
减少的固定资产转出的折旧额	计提的折旧数
	固定资产折旧累计数

5.“管理费用”账户

（1）核算内容：核算企业的董事会和行政管理部门为组织和管理生产经营活动而发生的各项费用支出，具体包括：职工薪酬、折旧费、工会经费、业务招待费、土地使用税、房产税、车船使用税、印花税、技术转让费、聘请中介机构费、咨询费、诉讼费、开办费、无形资产和长期待摊费用摊销、职工教育经费、劳动保险费、董事会费、待业保险费、研究开发费、坏账损失等。

(2) 性质：损益类账户的支出账户。

(3) 结构：借方登记实际发生的各项管理费用；贷方登记期末转入“本年利润”账户借方的管理费用；该账户月末无余额。

(4) 明细账设置：该账户一般按费用项目设置多栏式明细分账。

表 5-18

借方	管理费用 贷方
企业发生的各项管理费用	期末转入“本年利润”的费用

6. “库存商品”账户

(1) 核算内容：核算企业库存的各种商品的实际成本。

(2) 性质：资产类账户。

(3) 结构：借方登记生产完成验收入库商品的增加数；贷方登记库存商品因销售等原因的减少数；期末借方余额为库存商品的结存额。

(4) 明细账设置：该账户一般按品种设置明细账。

表 5-19

借方	库存商品 贷方
验收入库商品的实际成本	发出商品的实际成本
库存商品的实际成本	

7. “其他应收款”账户

(1) 核算内容：核算企业发生的除销货款以外的其他各种应收、暂付款项。

(2) 性质：资产类账户。

(3) 结构：借方登记企业发生的除销货款以外的其他各种应收、暂付款项；贷方登记收回或转销的各种其他应收款项；期末借方余额，表示应收未收的其他应收款项。

(4) 明细账设置：该账户按应收的单位或个人设置明细账。

表 5-20

借方	其他应收款 贷方
企业发生的其他各种应收、暂付款项	收回或转销的各种其他应收款项
应收未收的其他应收款项	

三、账务处理

利康公司 2011 年 12 月发生以下业务：

【例 12】 12 月 31 日，分配结转本月领用的各种材料的实际成本，发料凭证汇总表，见表 5-21。

表 5—21　发料凭证汇总表

2011 年 12 月　　　　单位：元

用途	甲材料		乙材料		丙材料		合计金额
	数量	金额	数量	金额	数量	金额	
生产产品耗用							
其中：A产品							120 000
B产品	2 000	20 000			1 000	15 000	45 000
小计	3 000	30 000	5 000	100 000	1 000	15 000	165 000
车间一般耗用	5 000	50 000					5 000
管理部门耗用	500	5 000	5 000	100 000	100	1 500	1 500
	5 500	55 000	5 000	100 000	1 100	16 500	171 500

借：生产成本——A 产品　　120 000
　　　　　　——B 产品　　45 000
　　制造费用　　5 000
　　管理费用　　1 500
　　贷：原材料——甲材料　　55 000
　　　　　　　——乙材料　　100 000
　　　　　　　——丙材料　　16 500

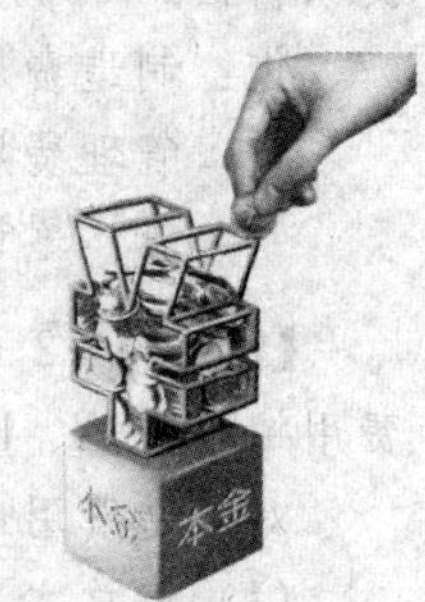

【例 13】12 月 31 日，计算分配月应付职工工资，其中 A 产品生产工人工资50 000元，B 产品生产工人工资30 000元，车间管理人员工资10 000元，厂部管理人员工资20 000元，共计110 000元。

借：生产成本——A 产品　　50 000
　　　　　　——B 产品　　30 000
　　制造费用　　10 000
　　管理费用　　20 000
　　贷：应付职工薪酬——工资　　110 000

【例 14】12 月 11 日，采购员王伟出差，预借差旅费2 000元，以现金支付。

借：其他应收款——王伟　　2 000
　　贷：库存现金　　2 000

【例 15】12 月 15 日，采购员王伟出差归来，报销差旅费1 600元，退回现金400 元。

借：管理费用　　1 600
　　库存现金　　400
　　贷：其他应收款——王伟　　2 000

【例 16】12 月 15 日，企业从银行提取现金115 000元，以备发 11 月份职工工资。

借：库存现金　　115 000
　　贷：银行存款　　115 000

【例 17】 12 月 15 日，企业用现金发放 11 月份职工工资115 000元。

借：应付职工薪酬——工资　　　　115 000

　　贷：库存现金　　　　　　　115 000

【例 18】 12 月 28 日，企业以银行存款支付车间水电费3 000元，管理部门水电费1 800元

借：制造费用　　　　　　　　3 000

　　管理费用　　　　　　　　1 800

　　贷：银行存款　　　　　　4 800

【例 19】 12 月 31 日，计提本月固定资产折旧15 000元，其中车间使用固定资产应提取折旧10 000元，行政部门使用固定资产应提取折旧5 000元。

借：制造费用　　　　　　　　10 000

　　管理费用　　　　　　　　5 000

　　贷：累计折旧　　　　　　15 000

【例 20】 12 月 31 日，将甲公司 2009 年 12 月发生的制造费用进行分配结转。制造费用按本月 A、B 产品生产工人工资作为分配标准。

对制造费用进行分配结转按以下步骤进行：

(1) 汇总本月制造费用：5 000+10 000+3 000+10 000=28 000（元）

(2) 计算制造费用分配率：

制造费用分配率=制造费用总额/确定的分配标准之和

A. B 产品生产工人的工资分别为50 000元和30 000元，所以

本月制造费用分配率=28 000/（50 000+30 000）=0.35

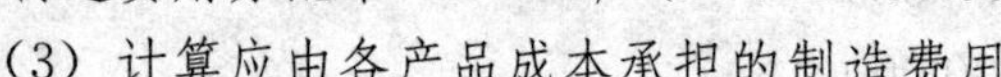

(3) 计算应由各产品成本承担的制造费用

A 产品成本承担的制造费用=0.35×50 000=17 500（元）

B 产品成本承担的制造费用=28 000−17 500=10 500（元）

(4) 将“制造费用”账户结转到“生产成本”账户

借：生产成本——A 产品　　　　17 500

　　　　　　——B 产品　　　　10 500

　　贷：制造费用　　　　　　28 000

【例 21】 本月 B 产品1 000件全部生产完工，并已验收入库，按其实际生产成本91 800元转账（B 产品本月的生产费用85 500元，加上月初在产品成本6 300元）。

B 产品生产成本=生产 B 产品的直接材料费+生产 B 产品的直接人工费+月末转来由 B 产品承担的制造费用+月初在产品成本=45 000+30 000+10 500+6 300=91 800（元）。

借：库存商品——B 产品　　　　91 800

　　贷：生产成本——B 产品　　91 800

A 产品尚未完工，不作账务处理。

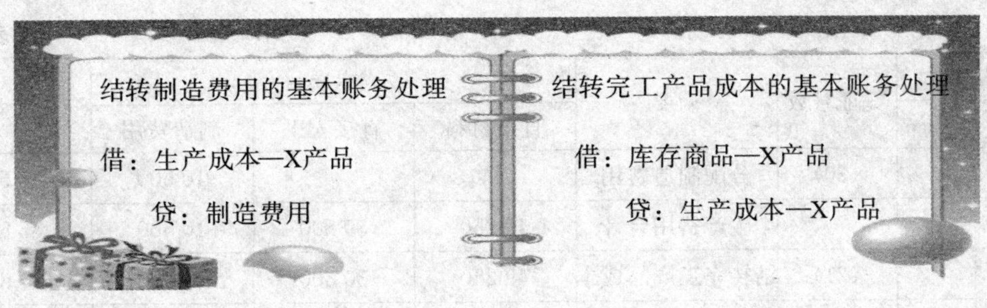

四、生产成本明细账的登记

生产成本明细账应根据会计分录逐笔登记，现将生产过程有关会计事项登记生产成本明细账如，见表5－22、5－23。

表5－22 生产成本明细账

账户名称：A产品　　　　金额单位：元

09年		凭证号数	摘要	成本项目			合计
月	日			直接材料	直接人工	制造费用	
略	略	(12)	领用材料	120 000			120 000
		(13)	分配工资		50 000		50 000
		(20)	分配制造费用			17 500	17 500
			生产费用合计	120 000	50 000	17 500	187 500
			期末余额	120 000	50 000	17 500	187 500

五、完工产品生产成本计算表

对于完工产品，应编制完工产品生产成本计算表，反映完工产品的数量、总成本、单位成本和成本构成，作为结转完工产品成本的依据。上例B产品的完工产品生产成本

计算表见表5－24。

表5－23 生产成本明细账

账户名称：B产品　　　　金额单位：元

09年		凭证号数	摘要	成本项目			合计
月	日			直接材料	直接人工	制造费用	
略	略		期初余额	4 250	800	1 250	6 300
		(12)	领用材料	45 000			45 000
		(13)	分配工资		30 000		30 000

续表5-23

09年		凭证号数	摘要	成本项目			合计
月	日			直接材料	直接人工	制造费用	
		(20)	分配制造费用			10 500	10 500
			生产费用合计	49 250	30 800	10 500	85 500
		(21)	结转完工产品成本	49 250	30 800	11 750	91 800
			期末余额	0	0	0	0

表5-24　产品生产成本计算表

产品名称：B产品　　2011年12月31日　　完工产量：1 000

成本项目	直接材料	直接人工	制造费用	合计
月初在产品成本	4 250	800	1 250	6 300
本月生产费用	45 000	30 000	10 500	85 500
合计	49 250	30 800	11 750	91 800
完工产品成本	49 250	30 800	11 750	91 800
单位成本	49.25	30.80	11.75	91.80

思考：生产成本包括哪些项目？

任务5.5　销售过程的核算

【目标】　认识销售过程的资金运动。

【能力】　掌握销售业务的账务处理。

一、销售过程核算的主要的内容

销售过程是企业资金循环的最后一个阶段。企业要将完工产成品尽快地销售出去，收回货币资金，以保证企业再生产的正常进行。销售过程核算的主要内容有以下几个方面：

（一）反映销售收入及按销售收入的17%计收的应交增值税（销项税额）。

（二）反映应收账款的发生和收回情况。

（三）销售过程发生的销售费用，如销售产品的包装费、运输费和广告费等。

（四）对应税消费品按销售收入和适用税率计算并缴纳消费税。

（五）月末结转已销产品成本。

二、账户设置

1. “主营业务收入”账户

(1) 核算内容：核算企业销售商品所发生的收入。

(2) 性质：损益类账户中的收入账户。

(3) 结构：贷方登记企业已售商品的收入；借方登记期末将本月商品销售收入结转“本年利润”账户贷方的数额，结转后应无余额。

(4) 明细账设置：该账户可按主营业务的种类设置明细账。

表5-25

借方　　主营业务收入	贷方
期末转入“本年利润”账户的收入	企业实现的收入

2. “主营业务成本”账户

(1) 核算内容：核算企业销售商品的成本。

(2) 性质：损益类账户中的支出账户。

(3) 结构：借方登记企业销售商品的成本；贷方登记期末将本月商品销售成本结转“本年利润”账户借方的数额，结转后应无余额。

(4) 明细账设置：该账户可按主营业务的种类设置明细账。

表5-26

借方　　主营业务成本	贷方
本期结转的已销售商品的实际成本	期末转入“本年利润”账户的销售成本

3. “应收账款”账户

(1) 核算内容：核算企业因销售商品和提供劳务等应向购货单位或接受劳务单位收取的款项。

(2) 性质：资产类账户。

(3) 结构：借方登记应收款项的增加数；贷方登记应收款项的减少数；期末借方余额为应收未收的金额。

(4) 明细账设置：该账户按购货单位设置明细账。

表5-27

借方　　应收账款	贷方
应收款项的增加数	应收款项的减少
尚未收回的应收账款	

4. “销售费用”账户

(1) 核算内容：核算企业在商品销售过程中所发生的费用，包括运输费、装卸费、包装费、保险费、展览费和广告费等。

(2) 性质：损益类账户中的支出账户。

(3) 结构：借方登记企业发生的商品销售费用；贷方登记期末将本月商品销售费用转入“本年利润”账户的借方的数额，结转后应无余额。

(4) 明细账设置：该账户可按销售费用的种类设置明细账。

表 5-28

借方　　销售费用	贷方
企业所发生的各项销售费用	企业期末转入“本年利润”账户的数额

5. “营业税金及附加”账户

(1) 核算内容：核算企业由于销售商品等应负担的有关税金及附加，包括营业税、消费税、城市维护建设税和教育费附加等。

(2) 性质：损益类账户中的支出账户。

(3) 结构：借方登记企业按照规定计算的应由主营业务负担的税金及附加；贷方登记期末转入“本年利润”账户的借方的数额，结转后应无余额。

(4) 明细账设置：该账户一般不设明细账。

表 5-29

借方　　营业税金及附加	贷方
按照规定计算应由本期负担的税费	期末转入“本年利润”账户的数额

三、账务处理

在销售过程中发生的主要经济业务是销售商品，办理结算并收回货款及相应的增值税销项税额，结转销售成本，计算有关税金，计算主营业务利润。

仍以利康公司 2011 年 12 月份发生的交易、事项为例，说明销售过程的账务处理。

【例 22】15 日，利康公司销售一批产品，增值税专用发票上注明 A 产品销售 18 件，每件售价 600 元，计10 800元，B 产品销售 35 件，每件 260 元，计9 100元，增值税3 383元，款项收到并存入银行存款账户。编制会计分录如下：

借：银行存款　　23 283

　　贷：主营业务收入——A 产品　　10 800

　　　　　　　　　　——B 产品　　9 100

　　　　应交税费——应交增值税（销项税额）　　3 383

【例 23】18 日，利康公司为宣传新产品发生广告费2 500元，以银行存款支付。编制会计分录如下：

借：销售费用　　2 500

　　贷：银行存款　　2 500

【例24】 20日，利康公司销售给路通公司产品一批，增值税专用发票上注明销售A产品17件，每件售价600元，计10 200元，销售B产品75件，每件售价260元，计19 500元，增值税5 049元，价款尚未收到。编制会计分录如下：

借：应收账款——路通公司　　34 749
　贷：主营业务收入——A产品　　10 200
　　　　　　　　　——B产品　　19 500
　　应交税费——应交增值税（销项税额）　　5 049

【例25】 25日收到银行通知，上述应收款34 749元已经收回入账。编制会计分录如下：

借：银行存款　　34 749
　贷：应收账款—路通公司　　34 749

【例26】 31日，结转本月已销产品成本。A产品销售35件，单位成本469元，总成本16 415元；B产品销售110件，单位成本204元，总成本22 440元。编制会计分录如下：

借：主营业务成本——A产品　　16 415
　　　　　　　　——B产品　　22 440
　贷：库存商品——A产品　　16 415
　　　　　　　——B产品　　22 440

【例27】 31日，经查本月“应交税费—应交增值税”账户借方栏“进项税额”为4 794元；贷方“销项税额”为8 432元，抵扣后本月增值税额为3 638元，按应交增值税额的7%提取城市维护建设税，按3%提取教育费附加。编制会计分录如下：

借：营业税金及附加　　363.80
　贷：应交税费——应交城市维护建设税　　254.66
　　　　　　　——教育费附加　　109.14

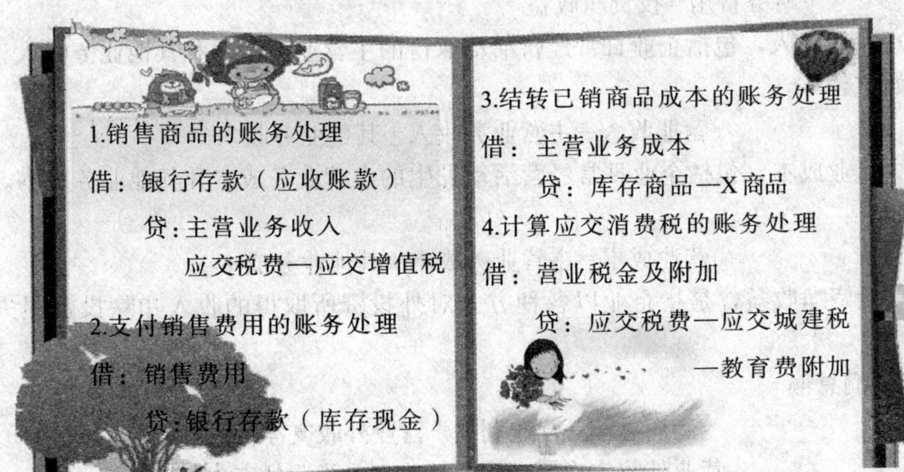

思考： 销售过程中资金形态如何发生变化？

任务 5.6　财务成果形成及分配的核算

【目标】　认识财务成果的形成与分配原则。
【能力】　掌握财务成果的核算与分配的账务处理。

一、利润形成的核算

（一）利润形成概述

利润是指企业在一定会计期间内的经营成果，利润包括收入减去费用后的净额、直接计入当期利润的利得和损失（是指企业非日常活动所发生的会导致所有者权益发生增减变动的营业外收入和营业外支出）等。企业的利润按其形成过程可分为营业利润、利润总额和净利润三部分。

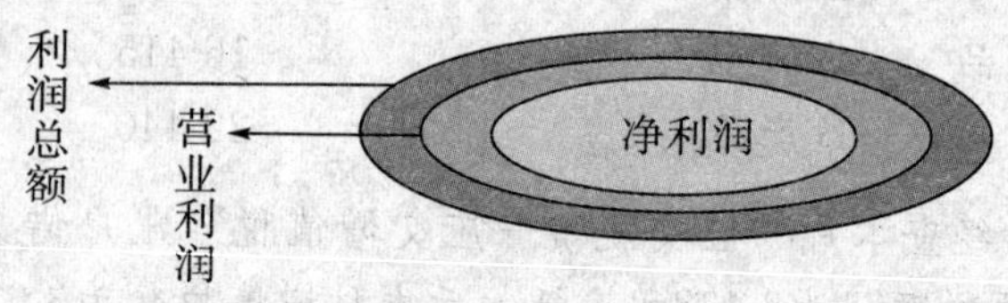

1. 营业利润

收入减去费用后的金额为营业利润，是企业日常生产经营活动获得的利润，是企业利润的主要来源。其计算公式为：

营业利润＝营业收入－营业成本－营业税金及附加－销售费用－管理费用－财务费用＋投资净收益

（1）营业收入，包括企业日常经营活动取得的主营业务收入和其他业务收入。用公式表示如下：

营业收入＝主营业务收入＋其他业务收入

（2）营业成本，包括企业日常经营活动发生的主营业务成本和其他业务成本。用公式表示如下：

营业成本＝主营业务成本＋其他业务成本

（3）投资净收益，是指企业以各种方式对外投资所取得的收入扣除投资损失后的余额。

2. 利润总额

利润总额＝营业利润＋营业外收支净额

营业外收支净额＝营业外收入－营业外支出

（1）营业外收入，是指与企业生产经营无直接关系的各项收入。具体包括：处理固

定资产收益、出售无形资产收益、罚款净收入、无法支付的应付款项等。

(2) 营业外支出，是指与企业生产经营无直接关系的各项支出。具体包括：固定资产盘亏、处置固定资产净损失、出售无形资产损失、罚款支出、捐赠支出、自然灾害造成的财产物资非常损失等。

3. 净利润

企业当期实现的利润总额扣除依法计算缴纳的所得税费用后，为企业当期的税后利润即净利润。用公式表示：

$$净利润=利润总额-所得税费用$$

利润形成核算的主要内容有：发生营业外收支业务、收支账户结转本年利润、计算并结转所得税等。

(二) 设置账户

1. “营业外收入”账户

(1) 核算内容：核算企业发生的与企业生产经营无直接关系的各项收入。

(2) 性质：损益类账户中的收入账户。

(3) 结构：贷方登记发生的营业外收入；借方登记期末将余额转入“本年利润”账户借方的数额，结转后应无余额。

(4) 明细账设置：该账户按不同的项目设置明细账。

表 5-30

借方　　　　营业外收入	贷方
期末转入“本年利润”账户的数额	企业发生的营业外收入

2. “营业外支出”账户

(1) 核算内容：核算企业发生的与企业生产经营无直接关系的各项支出。

(2) 性质：损益类账户中的支出账户。

(3) 结构：借方登记发生的营业外支出；贷方登记期末将余额转入“本年利润”账户贷方的数额，结转后应无余额。

(4) 明细账设置：该账户按不同的项目设置明细账。

表 5-31

借方　　　　营业外支出	贷方
企业发生的营业外支出	期末转入“本年利润”账户的数额

3. “本年利润”账户

(1) 核算内容：核算企业在本年度内实现的利润（或发生的亏损）总额。

(2) 性质：所有者权益类账户。

(3) 结构：贷方登记主营业务收入、其他业务收入和营业外收入等收入转入额；借方登记主营业务成本、营业税金及附加、其他业务成本、销售费用、管理费用、财务费用、营业外支出和所得税费用等支出转入额；月末，余额在贷方，表示实现的利润；余额在借方，表示发生的亏损。年度终了，企业应将本年实现的利润总额或亏损总额，全部转入“利润分配—未分配利润”账户，结转后本账户应无余额。

（4）明细账设置：该账户一般不设置明细账。

表 5－32

借方　　　　本年利润	贷方
各成本费用或支出类账户期末转入数	各收益类账户期末转入数
当年发生的净亏损	当年实现的净利润
将本年实现的净利润转入“利润分配”账户	将本年实现的净亏损转入“利润分配”账户

4．“所得税费用”账户

（1）核算内容：核算企业按规定从本期损益中扣除的所得税。

（2）性质：损益类账户中的支出账户。

（3）结构：借方登记企业应缴纳的所得税；贷方登记期末将余额转入“本年利润”账户借方的数额，结转后应无余额。

（4）明细账设置：该账户一般不设置明细账。

表 5－33

借方　　　　所得税费用	贷方
本期应交所得税额	期末转入“本年利润”账户的数额

（三）账务处理

1．营业外收支的核算

【例 28】以银行存款支付当年纳税滞纳金2 200元。编制会计分录如下：

借：营业外支出　　　　2 200
　　贷：银行存款　　　　2 200

【例 29】取得罚款收入6 000元，存入银行。编制会计分录如下：

借：银行存款　　　　6 000
　　贷：营业外收入　　　　6 000

2．收支账户结转“本年利润”账户

月末，将所有者损益类账户的余额（除“所得税费用”账户外）结转“本年利润”账户。结转后，这些损益类账户无余额。

【例 30】月末结转时，损益类账户余额见表 5－34：

表 5－34

科目名称	借方余额	贷方余额
主营业务收入		725 600
其他业务收入		10 000
营业外收入		2 300
投资收益		500
主营业务成本	496 840	
营业税金及附加	7 680	
其他业务成本	8 000	
销售费用	5 020	
管理费用	53 860	
财务费用	3 800	
营业外支出	1 200	
合　计	576 400	738 400

编制会计分录如下：

第一步：结转收益类账户本期发生额到“本年利润”账户。

借：主营业务收入　725 600
　　其他业务收入　10 000
　　营业外收入　2 300
　　投资收益　500
　　贷：本年利润　738 400

第二步：结转费用类账户本期发生额到“本年利润”账户。

借：本年利润　576 400
　　贷：主营业务成本　496 840
　　　　营业税金及附加　7 680
　　　　其他业务成本　8 000
　　　　销售费用　5 020
　　　　管理费用　53 860
　　　　财务费用　3 800
　　　　营业外支出　1 200

第三步：计算利润总额

利润总额＝738 400－576 400＝162 000（元）

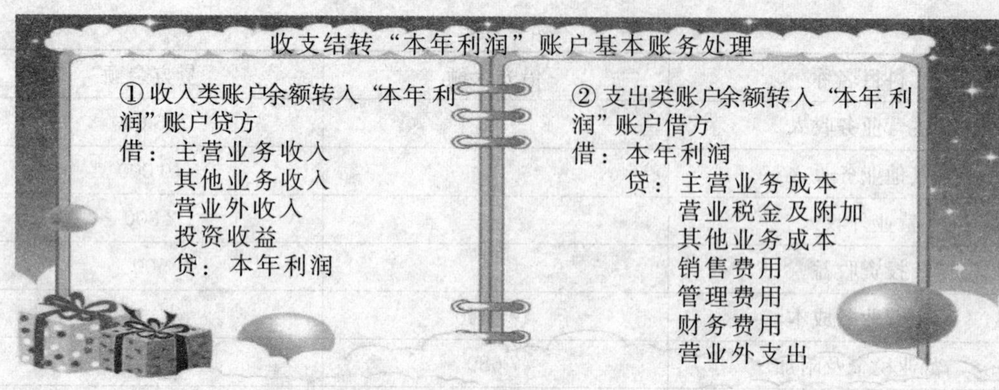

3. 所得税费用的核算

企业所得税是以企业的应纳税所得额为征税对象的税种，盈利的企业都要按实现利润总额为基数计算应纳税所得额，再按规定的所得税税率计算缴纳所得税。

【例 31】 承上例，假设本公司应纳税所得额和利润总额相等，都是71 750元，所得税税率为25%，则：

第四步：计算本期所得税费用

应纳所得税额=162 000×25%=40 500（元）

借：所得税费用　　　　40 500

　　贷：应交税费—应交所得税　　　　40 500

第五步：结转本期所得费用的发生额到"本年利润"账户借方

借：本年利润　　　　40 500

　　贷：所得税费用　　　　40 500

第六步：计算本期净利润

净利润=利润总额-所得税费用=162 000-40 500=121 500（元）

二、利润分配的核算

（一）利润分配概述

企业对净利润的分配，一般分两步进行，第一是提取盈余公积，第二是向投资者分配利润，尚未分配部分为未分配利润。

1. 提取盈余公积：按规定企业应按10%的净利润提取法定盈余公积。

2. 向投资者分配利润：按净利润的一定比例或约定金额向投资者分配利润。

3. 未分配利润：净利润扣除利润分配数额后的余额。

（二）设置账户

1.“利润分配”账户

（1）核算内容：核算企业利润的分配（或亏损的弥补）和历年分配（或弥补）后的积存余额，是“本年利润”账户的抵减账户。

（2）性质：所有者权益类账户。

（3）结构：借方登记企业提取盈余公积、应付股利等利润分配的去向，包括从“本年利润”账户转入的净亏损数额；贷方登记转入可供分配的利润数额，包括从“本年利润”账户转入的净利润数额和弥补亏损数额。

（4）明细账设置：该账户主要设置以下明细账户：其他转入、提取法定盈余公积、向投资者分配利润、未分配利润等。

表5－34

借方	利润分配 贷方
从“本年利润”账户转入的净亏损数额提取盈余公积、应付股利等利润分配的数额	从“本年利润”账户转入的净利润数额弥补亏损数额
历年积存未弥补亏损	历年积存未分配利润

2.“盈余公积”账户

（1）核算内容：核算企业从净利润中提取的盈余公积。

（2）性质：所有者权益类账户。

（3）结构：贷方登记提取数；借方登记用盈余公积弥补亏损或转增资本数；期末贷方余额表示盈余公积结余数。

（4）明细账设置：该账户设置法定盈余公积和法定公益金等明细账户。

表 5-35

借方	盈余公积	贷方
用于弥补亏损或转增资本		按照规定提取盈余公积的数额
		提取的盈余公积数额

3. "应付股利"账户

(1) 核算内容：核算企业应付给投资者的利润。

(2) 性质：负债类账户。

(3) 结构：借方登记应付利润的减少数；贷方登记应付利润的增加数；期末贷方余额为未支付的利润数。

(4) 明细账设置：该账户按不同的项目设置明细账。

表 5-36

借方	应付股利	贷方
实际支付的现金股利或利润		应支付的现金股利或利润
		尚未支付的现金股利或利润

(三) 账务处理

【例 32】 承上例，按净利润121 500元的 10%提取法定盈余公积；按本年度实现净利润的 60%计算应付给投资者的利润72 900元。编制会计分录如下：

第一步：结转全年净利润到"利润分配"账户

借：本年利润　　121 500

　　贷：利润分配——未分配利润　　121 500

第二步：按照本年净利润的 10%提取法定盈余公积

应提取的法定盈余公积=121 500×10%=12 150（元）

借：利润分配——提取法定盈余公积　　12 150

　　贷：盈余公积——提取法定盈余公积　　12 150

第三步：按照分配方案计算向投资者分配的利润

借：利润分配——应付股利　　72 900

　　贷：应付股利　　72 900

第四步：将"利润分配"账户的其他明细分类账户发生额转入"未分配利润"明细账户

借：利润分配——未分配利润　　85 050

　　贷：利润分配——提取法定盈余公积　　12 150

　　　　　　　　——应付股利　　72 900

思考：资金在工业企业中的运动过程，形态与数量是怎样变化的？

1. 结转全年净利润的账务处理

借：本年利润

　　贷：利润分配——未分配利润

2. 提取法定盈余公积的账务处理

借：利润分配——法定盈余公积

　　贷：盈余公积——法定盈余公积

3. 向投资者分配的利润的账务处理

借：利润分配——应付股利

　　贷：应付股利

4. 转入“未分配利润”的账务处理

借：利润分配——未分配利润

　　贷：利润分配——提取法定盈余公积

　　　　　　　　——应付股利

项目 6 审核与填制记账凭证

【主要任务内容】

任务 6.1 审核和填制记账凭证
任务 6.2 会计凭证的传递与保管

【任务目标】

通过对项目 6 的学习和探索，要求理解记账凭证作用和种类，掌握原记账凭证的填制和审核方法，了解会计凭证的传递和保管的内容，能正确使用记账凭证这种会计核算方法。

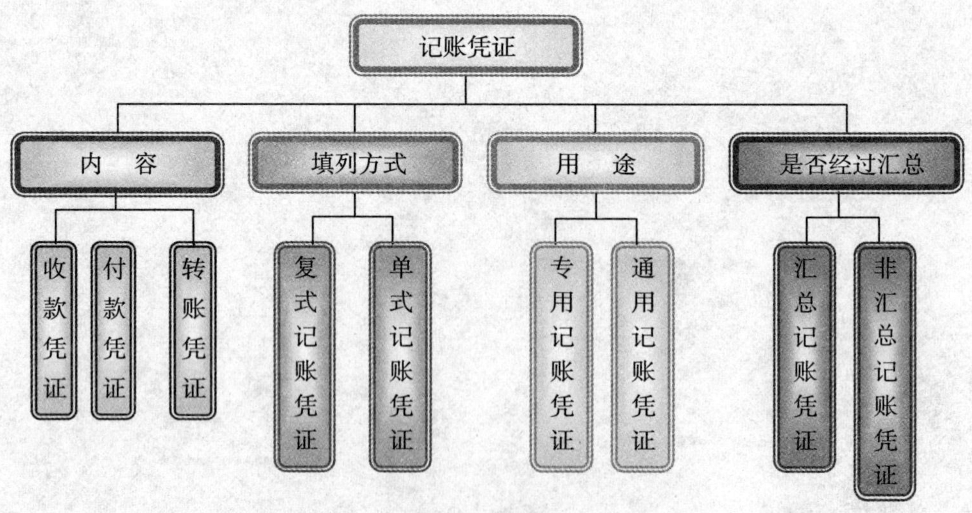

任务 6.1 审核和填制记账凭证

【目标】 掌握记账凭证的内容、种类、填制方法与审核原则。

【能力】 填制记账凭证与审核记账凭证。

一、记账凭证的内容

记账凭证是会计人员根据审核后的原始凭证进行归类、整理，并确定会计分录而编制的会计凭证，是登记账簿的依据。记账凭证必须具备以下内容：

（一）记账凭证的名称；

（二）填制凭证的日期、凭证编号；

（三）经济业务的内容摘要；

（四）经济业务应记入账户的名称、记账方向和金额；

（五）所附原始凭证的张数和其他附件资料；

（六）会计主管、记账、复核、出纳、制单等有关人员签名或盖章。

二、记账凭证的种类

（一）记账凭证按其所反映的经济业务内容不同分为收款凭证、付款凭证和转账凭证

收款凭证：专门用来记录现金和银行存款收款业务的记账凭证。
付款凭证：专门用来记录现金和银行存款付款业务的记账凭证。
转账凭证：专门用来记录与货币资金收付无关的转账业务的记账凭证。

☆☆☆**注意**：将现金存入银行或从银行提取现金的业务，只填写相应的付款凭证，不再填写收款凭证，以免重复登记经济业务。凡是不涉及现金收付和银行存款收付的其他经济业务，均为转账业务。

（二）记账凭证按其填制方式不同分为单式记账凭证和复式记账凭证

1. 单式记账凭证：单式记账是指只填列一个会计科目的记账凭证。

2. 复式记账凭证：复式记账凭证简称“复式凭证”，是将一项经济业务所涉及的会计科目，集中填列在一张凭证，即一张记账凭证上登记两个或两个以上会计科目。

（三）记账凭证按其用途不同分为专用记账凭证和通用记账凭证

1. 专用记账凭证

专用记账凭证是指专门用来记录某一类经济业务的记账凭证，它又分为收款凭证、付款凭证和转账凭证三类。

2. 通用记账凭证

通用记账凭证是指对发生的各项经济业务都使用统一格式记录的记账凭证。

（四）记账凭证按其是否经过汇总分为汇总记账凭证和非汇总记账凭证

- 汇总记账凭证
  - 记账凭证汇总表（或称科目汇总表）
  - 分类汇总记账凭证
    - 汇总收款凭证
    - 汇总付款凭证
    - 汇总转账凭证
- 非汇总记账凭证

三、记账凭证的填制方法

（一）记账凭证的填制要求

填制记账凭证是一项重要的会计工作，为了便于登记账簿，保证账簿记录的正确性，填制记账凭证应符合以下要求：

1. 依据真实。除结账和更正错误外，记账凭证应根据审核无误的原始凭证及有关资料填制，记账凭证必须附有原始凭证并如实填写所附原始凭证的张数。记账凭证所附原始凭证张数的计算一般应以原始凭证的自然张数为准。一张原始凭证如果涉及几张记账凭证的，可以将原始凭证附在一张主要的记账凭证后面，在该主要记账凭证摘要栏注明“本凭证附件包括×号记账凭证业务”字样，并在其他记账凭证上注明该主要记账凭证的编号或者附上该原始凭证的复印件，以便复核查阅。

2. 内容完整。记账凭证应具备的内容都要齐全，要按照记账凭证上所列项目逐一填写清楚，有关人员的签名或盖章要齐全不可缺漏。如有以自制的原始凭证或者原始凭证汇总表代替记账凭证使用的，也必须具备记账凭证应有的内容。金额栏数字的填写必须规范、准确，与所附原始凭证的金额相符。金额登记方向、数字必须正确，角分位不留空格。

3. 分类正确。填制记账凭证，要根据经济业务的内容，区别不同类型的原始凭证，正确应用会计科目和记账凭证。

4. 日期正确。记账凭证的填制日期一般应填制记账凭证当天的日期。

5. 连续编号。为了分清会计事项处理的先后顺序，以便记账凭证与会计账簿之间

的核对，确保记账凭证完整无缺，填制记账凭证时，应当对记账凭证连续编号。记账凭证编号的方法有多种：

一种是将全部记账凭证作为一类统一编号；另一种是分别按现金和银行存款收入业务、现金和银行付出业务、转账业务三类进行编号，这样记账凭证的编号应分为收字第×号、付字第×号、转字第×号；还有一种是分别按现金收入、现金支出、银行存款收入、银行存款支出和转账业务五类进行编号，这种情况下，记账凭证的编号应分为现收字第×号、现付字第×号、银收字第×号、银付字第×号和转字第×号，或者将转账业务按照具体内容再分成几类编号。

无论采用哪一种编号方法，都应该按月顺序编号，即每月都从一号编起，按自然数1、2、3、4、5……顺序编至月末，不得跳号、重号。一笔经济业务需要填制两张或两张以上记账凭证的，可以采用分数编号法进行编号。

如：有一笔业务需填制三张记账凭证，凭证号为6，就可以编成$6\frac{1}{3}$、$6\frac{2}{3}$、$6\frac{2}{3}$，前面的数表示凭证顺序，后面分数的分母表示该号凭证共有三张，分子表示三张凭证中的第一张、第二张、第三张。

6. 简明扼要。记账凭证的摘要栏是填写经济业务简要说明的，摘要应与原始凭证内容一致，能正确反映经济业务的主要内容。

7. 分录正确。会计分录是记账凭证中重要的组成部分，在记账凭证中，要正确编制会计分录并保持借贷平衡，就必须根据国家统一会计制度的规定和经济业务的内容，正确使用会计科目，不得任意简化或改动。会计科目的对应关系要填写清楚，应先借后贷，填入金额数字后，要在记账凭证的合计行计算填写合计金额。记账凭证中借、贷方的金额必须相等，合计数必须计算正确。

8. 空行注销。填制记账凭证时，应按行次逐行填写，不得跳行或留有空行。记账凭证填完经济业务后，如有空行，应当在金额栏目最后一笔金额数字下的空行至合计数上的空行处划斜线注销。

记账凭证中，文字、数字和货币符号的书写要求，与原始凭证相同。实行会计电算化的单位，其机制记账凭证应当符合对记账凭证的基本要求，打印出来的机制凭证上，要加盖制单人员、审核人员、记账人员和会计主管人员印章或者签字，以明确责任。

（二）记账凭证的填制方法

1. 付款凭证的填制方法

付款凭证根据审核无误的现金或银行存款付款业务的原始凭证填制，如例1。

【例1】 2012年1月6日，中山公司从银行提取现金800元，以备零星开支使用。

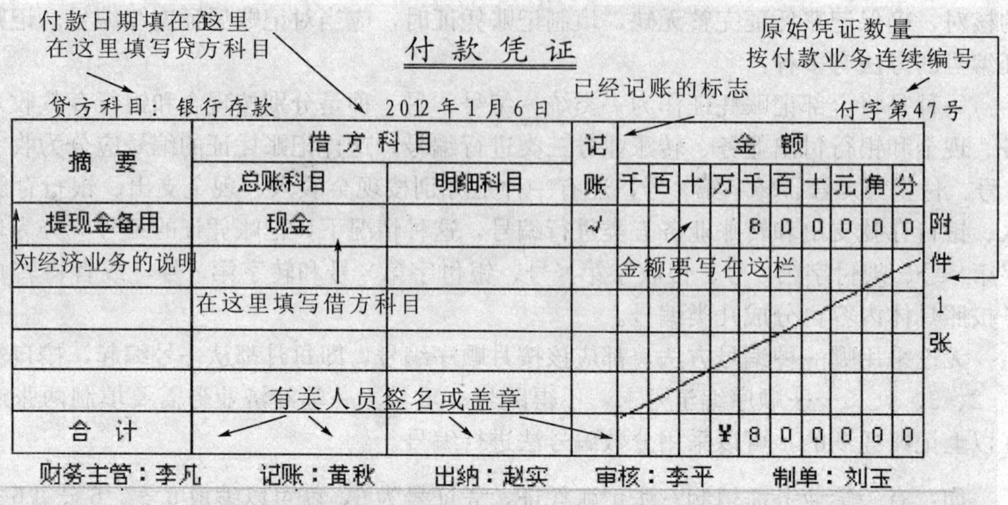

付 款 凭 证

贷方科目：银行存款　　2012 年 1 月 6 日　　付字第47号

摘 要	借方科目		记账	金额										附件1张
	总账科目	明细科目		千	百	十	万	千	百	十	元	角	分	
提现金备用	现金		√					8	0	0	0	0	0	
合 计							¥	8	0	0	0	0	0	

财务主管：李凡　记账：黄秋　出纳：赵实　审核：李平　制单：刘玉

2. 收款凭证的填制方法

收款凭证根据审核无误的现金或银行存款收款业务的原始凭证填制，如例 2。

【例 2】2012 年 1 月 6 日，职工张明归还借款 800 元。

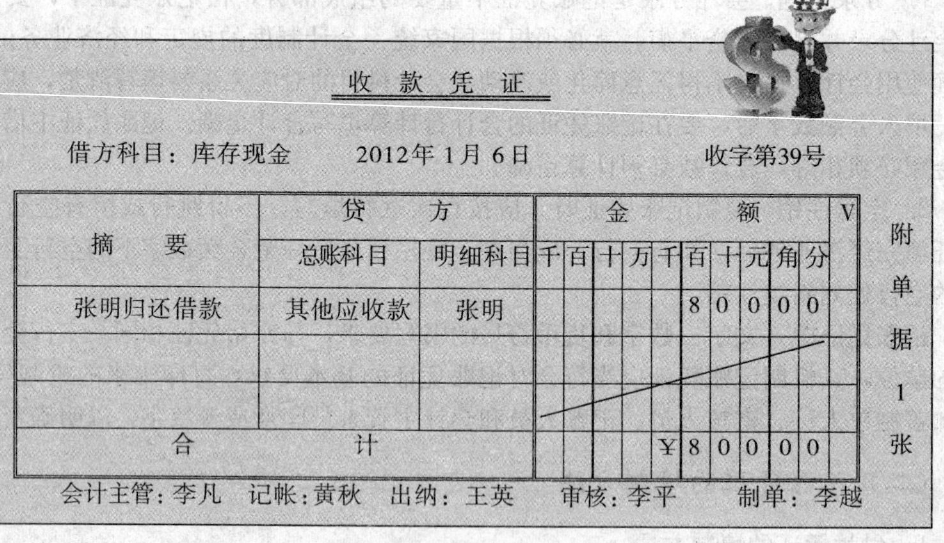

收 款 凭 证

借方科目：库存现金　　2012年 1月 6日　　收字第39号

摘 要	贷 方		金 额										V	附单据1张
	总账科目	明细科目	千	百	十	万	千	百	十	元	角	分		
张明归还借款	其他应收款	张明						8	0	0	0	0		
合 计							¥	8	0	0	0	0		

会计主管：李凡　记帐：黄秋　出纳：王英　审核：李平　制单：李越

3. 转账凭证的填制方法

【例 3】2012 年 1 月 9 日，中山公司生产车间领用 A 材料 500 公斤，单价 20 元，共计10 000元，用于生产甲产品。

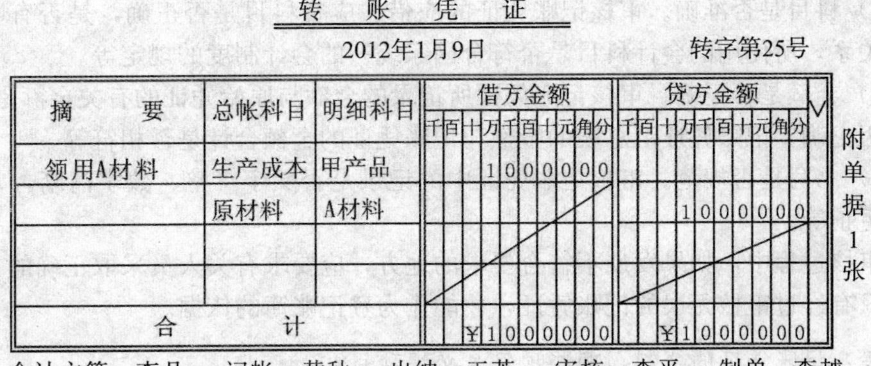

转　账　凭　证

2012年1月9日　　转字第25号

摘　要	总帐科目	明细科目	借方金额（千百十万千百十元角分）	贷方金额（千百十万千百十元角分）	√
领用A材料	生产成本	甲产品	1000000		
	原材料	A材料		1000000	
合　计			￥1000000	￥1000000	

附单据1张

会计主管：李凡　记帐：黄秋　出纳：王英　审核：李平　制单：李越

4. 通用记账凭证的填制方法

通用记账凭证的格式和填制方法与转账凭证基本相同。

【例4】2012年1月10日，中山公司收到北方公司前欠货款20 000元，银行已入账。

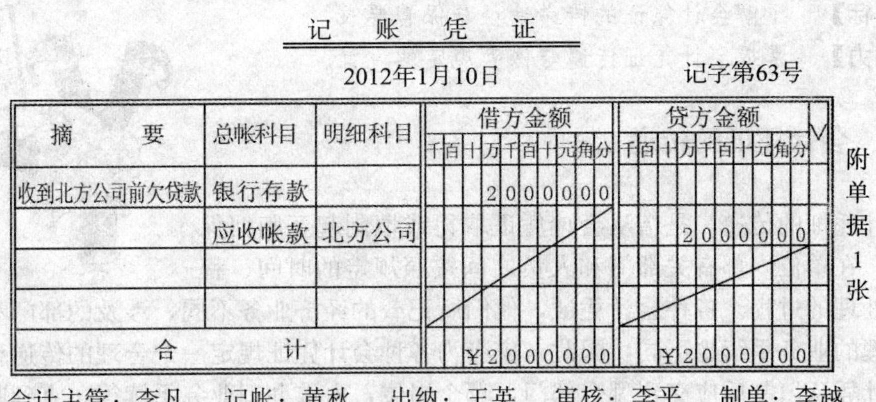

记　账　凭　证

2012年1月10日　　记字第63号

摘　要	总帐科目	明细科目	借方金额（千百十万千百十元角分）	贷方金额（千百十万千百十元角分）	√
收到北方公司前欠贷款	银行存款		2000000		
	应收帐款	北方公司		2000000	
合　计			￥2000000	￥2000000	

附单据1张

会计主管：李凡　记帐：黄秋　出纳：王英　审核：李平　制单：李越

四、记账凭证的审核

记账凭证编制以后，必须由专人进行审核，借以监督经济业务的真实性、合法性和合理性，并检查记账凭证的编制是否符合要求。特别要审核最初证明经济业务实际发生或完成的原始凭证。因此，对记账凭证的审核是一项严肃细致、政策性很强的工作。只有做好这项工作才能正确地发挥会计反映和监督的作用。记账凭证审核的基本内容包括以下几项：

（一）内容是否真实。审核记账凭证是否有原始凭证为依据，所附原始凭证的内容是否与记账凭证的内容一致，记账凭证汇总表的内容与其所依据的记账凭证的内容是否一致等。

（二）项目是否齐全。审核记账凭证各项目的填写是否齐全，如日期、凭证编号、摘要、金额、所附原始凭证张数及有关人员的答案或盖章等。

（三）科目是否准确。审核记账凭证的应借、应贷科目是否正确，是否有明确的账户对应关系，所使用的会计科目是否符合国家统一的会计制度的规定等。

（四）金额是否正确。审核记账凭证所记录的金额与原始凭证的有关金额是否一致、计算是否正确，记账凭证汇总表的金额与记账凭证的金额合计是否相符等。

（五）书写是否规范。审核记账凭证中的记录是否文字工整、数字清晰，是否按规定进行更正等。

在审核过程中，如果发现不符合要求的地方，应要求有关人员采取正确的方法进行更正。只有经过审核无误的记账凭证，才能作为登记账簿的依据。

思考：记账凭证的填制，哪些项目是必填项目？

任务 6.2　会计凭证的传递与保管

【目标】　了解会计凭证的传递途径与保管要求。

【能力】　掌握会计凭证传递与保管规定的设置。

一、会计凭证的传递

会计凭证的传递，是指从会计凭证取得或填制起至归档保管时止，在单位内部有关部门和人员之间按照规定的时间、程序进行处理的过程。各种会计凭证，他们所记载的经济业务不同，涉及的部门和人员不同，办理的业务手续也不同，因此，应当为各种会计凭证规定一个合理的传递程序，即一张会计凭证填制后应交到哪个部门，哪个岗位，由谁办理业务手续等，直到归档保管为止。

（一）会计凭证传递的意义

1. 正确组织会计凭证的传递，有利于提高工作效率

正确组织会计凭证的传递，能够及时、真实反映和监督各项经济业务的发生和完成情况，为经济管理提供可靠的经济信息。

2. 正确组织会计凭证的传递，能更好地发挥会计监督作用

正确组织会计凭证的传递，便于有关部门和个人分工协作，相互牵制，加强岗位责任制，更好地发挥会计监督作用。

（二）会计凭证传递的基本要求

各单位由单位领导会同会计部门及有关部门共同设计制订出一套会计凭证的传递程序，使各个部门保证有序、及时地按规定的程序处理凭证传递。基本要求有：

1. 根据经济业务的特点、机构设置和人员分工情况，明确会计凭证的传递程序

在会计凭证的传递过程中，要根据具体情况，确定每一种凭证的传递程序和方法。合理制订会计凭证所经过的环节，规定每个环节负责传递的相关责任人员，规定会计凭证的联数以及每一联凭证的用途，做到既可使各有关部门和人员了解经济活动情况，及时办理手续，又可避免凭证经过不必要的环节，以提高工作效率。

2. 规定会计凭证经过每个环节所需要的时间，以保证凭证传递的及时性

会计凭证的传递时间，应考虑各有关人员的工作内容和工作量在正常情况下完成的时间，明确规定各种凭证在各个环节上停留的最长时间，不能拖延和积压会计凭证。

二、会计凭证的保管

会计凭证的保管是指会计凭证记账后的整理、装订、归档和存查工作。会计凭证是记录经济业务、明确经济责任、具有法律效力的证明文件，是登记账簿的依据，是重要的经济档案和历史资料。任何企业在完成经济业务手续和记账之后，必须按规定立卷归档，形成会计档案资料，妥善保管，以便日后随时查阅。会计凭证整理保管的要求有：

（一）各种记账凭证，连同所附原始凭证和原始凭证汇总表，要分类按顺序编号，定期（一天、五天、十天或一个月）装订成册，并加具封面、封底，注明单位名称、凭证种类、所属年月和起讫日期、起止号码、凭证张数等。为防止任意拆装，应在装订处贴上封签，并由经办人员在封签处加盖骑缝章。

（二）对一些性质相同、数量很多或各种随时需要查阅的原始凭证，可以单独装订保管，在封面上写明记账凭证的时间、编号、种类，同时在记账凭证上注明“附件另订”。

（三）各种经济合同和重要的涉外文件等凭证，应另编目录，单独登记保管，并在有关原始凭证和记账凭证上注明。

（四）其他单位因有特殊原因需要使用原始凭证时，经本单位领导批准，可以复制，但应在专门的登记簿上进行登记，并由提供人员和收取人员共同签章。

（五）会计凭证装订成册后，应有专人负责分类保管，年终应登记归档。会计凭证的保管期限和销毁手续，应严格按照《会计档案管理办法》进行管理。

（六）会计凭证在归档后，应按年月日顺序排列，以便查阅。对已归档凭证的查阅、调用和复制，都应得到批准，并办理相关的手续。会计凭证在保管中应防止霉烂破损和鼠咬虫蛀，以确保其安全和完整。

思考：会计凭证的传递程序是怎样的？

附： **企业和其他组织会计档案保管期限表**

序号	会计档案名称	保管期限	备注
一、	会计凭证类		
1	原始凭证	15年	

续表

序号	会计档案名称	保管期限	备注
2	记账凭证	15年	
3	汇总凭证	15年	
二、	会计账簿类		
4	总账	15年	包括日记总账
5	明细账	15年	
6	日记账	15年	现金和银行存款日记账保管25年
7	固定资产卡片		固定资产报废清理后保管5年
8	辅助账簿	15年	
三、	财务报告类		包括各级主管部门的汇总财务报告
9	月、季财务报告	3年	包括文字分析
10	年度财务报告	永久	包括文字分析
四、	其他类		
11	会计移交清册	15年	
12	会计档案保管清册	永久	
13	会计档案销毁清册	永久	
14	银行存款余额调节表	5年	
15	银行对账单	5年	

项目 7　登记会计账簿

【主要任务内容】

任务 7.1　登记会计账簿预备知识
任务 7.2　登记日记账
任务 7.3　登记分类账
任务 7.4　错账更正方法
任务 7.5　会计账簿的对账和结账
任务 7.6　会计账簿的更换和保管

【任务目标】

通过对项目 7 的学习和探索，了解会计账簿的基本内容、格式及启用规则，掌握日记账、总分类账、明细分类账的内容、格式、登记依据和登记方法，登记账簿的各种规则以及错账更正的方法，能较熟练地登记账簿、利用账簿。

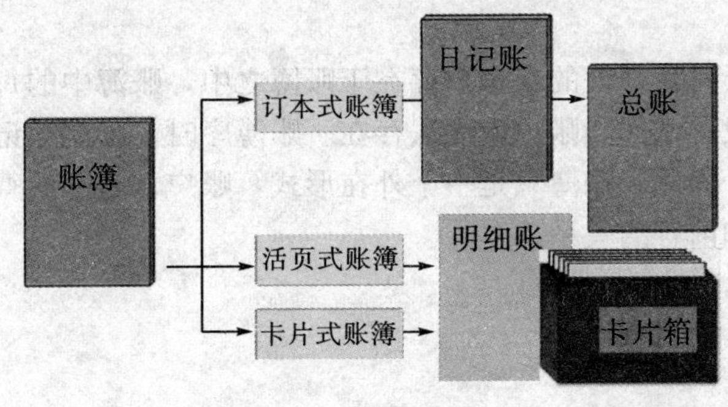

任务 7.1 登记会计账簿预备知识

【目标】 学习会计核算的六要素的定义和特点及其分类。
【能力】 掌握会计六要素的应用。

一、会计账簿的概念和意义

会计账簿是指由一定格式账页组成的，以经过审核的会计凭证为依据，全面、系统、连续地记录各项经济业务的簿籍。

各单位应当按照国家统一的会计制度的规定和会计业务的需要设置会计账簿，以便系统地归纳会计信息，全面、系统、连续地核算和监督单位的经济活动及其财务收支情况。设置和登记账簿，是编制会计报表的基础，是连接会计凭证与会计报表的中间环节，在会计核算中具有重要意义。

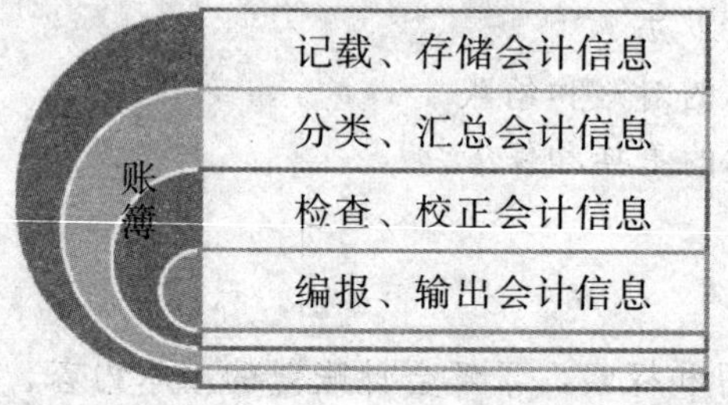

二、会计账簿与账户的关系

账户是根据会计科目开设的，账户存在于账簿之中，账簿中的每一账页就是账户的存在形式和载体，没有账簿，账户就无法存在。账簿序时、分类地记载经济业务，是在个别账户中完成的。因此，账簿只是一个外在形式，账户才是它的真实内容。账簿与账户的关系，是形式和内容的关系。

三、会计账簿的种类

会计账簿一般可以按其用途、账页格式和外形特征三种标准进行划分。

（一）会计账簿按用途分类

会计账簿按用途不同，可分为序时账簿、分类账簿和备查账簿。序时账簿按其记录内容的不同，又分为普通日记账和特种日记账两种。分类账簿按照其概括程度不同，又分为总分类账和明细分类账两种。

（二）会计账簿按账页格式分类

会计账簿按账页格式不同，可以分为两栏式、三栏式、多栏式、数量金额式和横线登记式账簿。

（三）会计账簿按外形特征分类

会计账簿按其外形特征不同，可分为订本式账簿、活页式账簿和卡片式账簿。

1. 订本式账簿（简称订本账），是启用之前就已将账页装订在一起，并对账页进行了连续编号的账簿。我国会计制度规定，总分类账、现金日记账和银行存款日记账必须采用订本式账簿。格式见表7-1。

2. 活页式账簿（简称活页账），是在账簿登记完毕之前不固定装订在一起，而是装在活页账夹中，可根据记账内容的变化而随时增加或减少部分账页的账簿。当账簿登记完毕之后（通常是一个会计年度结束之后），才将账页予以装订，加具封面，并给各账页连续编号，归档保管。通常各种明细分类账一般采用活页账形式。格式见表7-1。

3. 卡片式账簿（简称卡片账），是将一定数量的卡片式账页存放于专设的卡片箱中，账页可以根据需要随时增添的账簿。严格说，卡片账也是一种活页账。卡片账一般适用周转材料、固定资产等的明细核算。格式见表7-1。

表7-1　会计账簿按外形特征分类

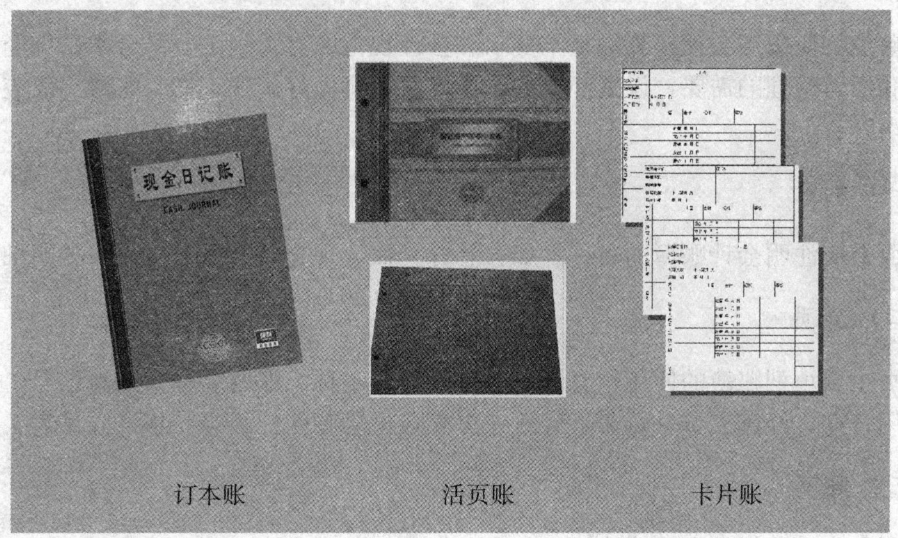

会计账簿分类图示

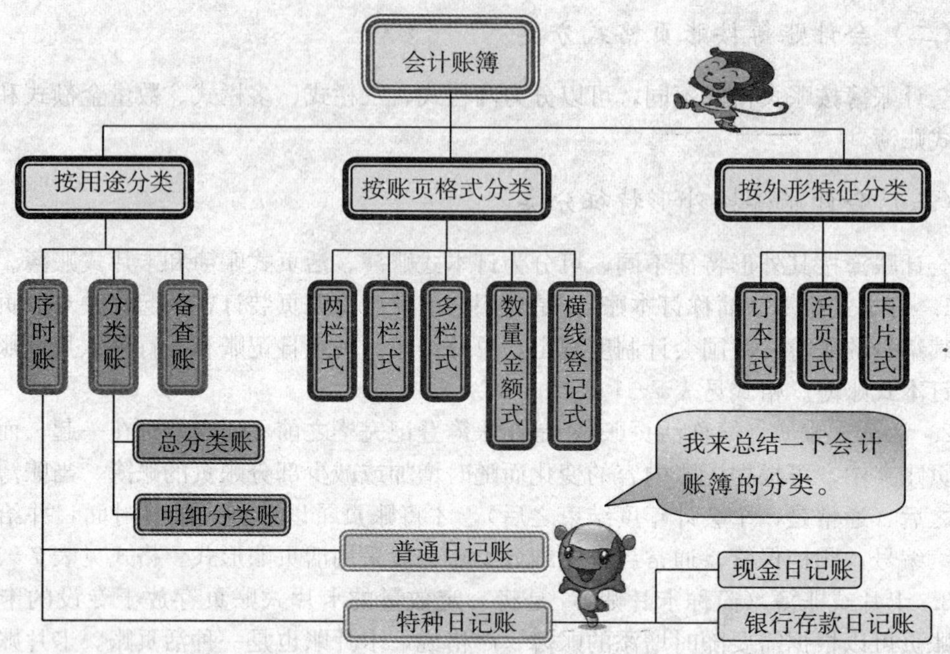

四、会计账簿的基本内容

各单位均应按照会计核算的基本要求和会计规范的有关规定，结合本单位经济业务的特点和经营管理的需要，设置必要的账簿，并认真做好记账工作。账簿一般应包括以下基本内容：

（一）封面

封面上应注明会计账簿的名称，如：总分类账、现金日记账、应收账款明细账等。

（二）扉页

扉页主要填列账簿的使用信息，一般包括单位名称、账簿名称、账簿编号、账簿页数、启用日期、经管人员一览表、经管人员交接记录和账户目录。格式同见表 7-2。

（三）账页

账页是会计账簿的主体，账页一般应包括以下基本内容：

表 7－2　账簿启用表

单位名称	（加盖公章）	负责人	职务	姓名	盖章
账簿名称	账　第　页	单位负责人			
账簿号码	第　　号	单位主管账会工作负责人			
账簿页数	本账簿共计　　页	会计机构负责人			
启用日期	年　月　日	会计主管人员			

经营本账簿人员一览表

职务	姓名	接管				移交				监交		印花粘贴处
		年	月	日	盖章	年	月	日	盖章	职务	姓名	

1. 账户的名称，即会计科目的名称，包括一级会计科目、二级会计科目或明细科目名称；

2. 登账的日期栏，包括年、月、日；

3. 记账凭证的种类和号数栏；

4. 摘要栏，所记录经济业务内容的简要说明；

5. 金额栏，分为借方金额栏、贷方金额栏和余额栏，记录经济业务的增减变动和余额；

6. 借或贷栏，即余额方向栏；

7. 页次，明细账包括总页次和分页次。

五、会计账簿的启用规则

为了考证会计账簿记录的合法性和会计资料的真实性、完整性，明确责任，会计账簿应由专人负责登记。启用会计账簿应遵守以下规则：

（一）认真填写封面及账簿启用和经管人员一览表

启用会计账簿时应在账簿封面上写明单位名称和账簿名称，填写账簿启用和经办人员一览表，并加盖名章和单位公章。启用订本式账簿，应当从第一页到最后一页顺序编定页数，不得跳页、缺页。使用活页式账簿，应当按账户顺序编号，并要定期装订成册，装订后再按实际使用的账页顺序编定页码，另加目录，记明每个账户的名称和页次。卡片式账簿在使用前应当登记卡片登记簿。

(二）严格交接手续

记账人员或者会计机构负责人、会计主管人员调动工作时，必须办理账簿交接手续，在账簿启用和经管人员一览表中注明交接日期、交接人员和监交人员姓名，并由双方交接人员签名或者盖章，以明确有关人员的责任。

六、会计账簿的记账规则

会计人员应当根据审核无误的会计凭证登记会计账簿。登记账簿的基本要求是：

(一）项目齐全、准确完整

登记会计账簿时，应当将会计凭证日期、编号、业务内容摘要、金额和其他有关资料逐项记入账簿内，做到数字准确、摘要清楚、登记及时。同时，记账人员要在记账凭证的“记账符号”栏，画上“√”表示已登记入账，以免漏记或重复登记，并在记账凭证上签名或者盖章。

(二）文字和数字的书写应规范

登记账簿时，文字和数字的书写必须字迹清晰工整、易于辨认。文字和数字要紧靠底线书写，上面要留有适当空距，一般应占格距的二分之一，以备按规定的方法改错。记录金额时，没有角分的整数，应分别在角分栏内写上“0”，不得省略不写或以“—”号代替。阿拉伯数字一般可自左向右适当倾斜，以使账簿记录整齐、清晰。

(三）正常记账使用蓝黑墨水或者碳素墨水，特殊记账使用红色墨水

登记账簿要使用蓝黑墨水或者碳素墨水书写，不得使用圆珠笔（银行的复写账簿除外）或者铅笔书写。红色墨水必须按照规定使用，下列情况可以用红色墨水记账：

1. 按照红字冲账的记账凭证，冲销错误记录；
2. 在不设借贷等栏的多栏式账页中，登记减少数；
3. 在三栏式账户的余额栏前，如未印明余额方向的，在余额栏内登记负数余额；
4. 根据国家统一会计制度的规定可以用红字登记的其他会计记录。

(四）序时连续登记

各种账簿按页次顺序连续登记，不得跳行、隔页。如果发生跳行、隔页，应当将空行、空页用红色墨水画对角线注销，注明“此行空白”“此页空白”字样，并由记账人员签名或者盖章。

(五）结出余额

凡需要结出余额的账户，结出余额后，应当在“借或贷”余额方向栏内写明“借”或者“贷”等字样。没有余额的账户，应当在“借或贷”余额方向栏内写“平”字，并

在余额栏内“元”位写“0”。

（六）连续账页内容之间的衔接

每一账页登记完毕结转下页时，应当结出本页合计数及余额，写在本页最后一行和下页第一行有关栏内，并在本页最后一行“摘要”栏内注明“过次页”字样，在下页第一行“摘要”栏内注明“承前页”字样，以保持账簿的连续性。

（七）账簿记录错误应按照规定的方法予以更正

如果会计账簿记录发生错误，不允许用涂改、挖补、刮擦或者用药水消除字迹等方法更正错误，应当根据错误情况，按照规定的方法进行更正。

（八）定期打印

实行会计电算化的单位，总账和明细账应当定期打印，发生收款和付款业务的，在输入收款凭证和付款凭证的当天必须打印出现金日记账和银行存款日记账，并与库存现金核对无误。

☆☆☆**注意**：会计账簿一经记载，便是会计档案，订本式账簿事先印有页次，不得以任何理由撕去，活页式账簿也不得随意抽换账页。

思考：会计账簿有多少种？

会计账簿有多少种？

大家要牢牢记住会计账簿的记账规则哦。

任务 7.2　登记日记账

【目标】　认识账簿中日记账的记账方法。

【能力】　学会登记日记账。

亲，启动这个任务程序时记得要回顾一下任务7.1中关于账簿的分类哦。

一、日记账的格式和登记方法

序时账簿又称日记账，是按照经济业务发生或完成时间的先后顺序逐日逐笔进行登记的账簿。

（一）普通日记账的格式和登记方法

普通日记账一般只设借方和贷方两个金额栏，以便分别记入各项经济业务所确定的账户名称及借方和贷方的金额，也称为两栏式日记账或叫分录簿。格式见表 7−3。

普通日记账的基本登记方法是：根据复式记账的要求，按时间先后顺序，依据记账凭证，完整地记录单位全部经济业务发生或完成情况。

表 7−3 普通日记账 第×页

××年		凭证字号		摘 要	对应账户	分类账页数	借方金额	贷方金额
月	日							
12	1	银收	1	收到投入资本	银行存款	（略）	10 000	
		银收	1		实收资本			10 000
	2	银付	1	银行提现金	库存现金		2 000	
		银付	1		银行存款			2 000
	10	银付	2	购买设备	固定资产		60 000	
		银付	2		银行存款			60 000

（二）特种日记账的格式和登记方法

特种日记账是按经济业务性质单独设置的账簿，它只把特定项目按经济业务顺序记入账簿，反映其详细情况，如库存现金日记账和银行存款日记账。

1. 现金日记账的格式和登记方法

（1）现金日记账的格式。现金日记账是用来核算和监督库存现金每天的收入、支出和结存情况的账簿，其格式有三栏式和多栏式两种。无论采用三栏式还是多栏式现金日记账，都必须使用订本账。格式见表 7−4。

表 7−4 现金日记账 第×页

××年		凭证字号		摘要	对方科目	收入	支出	结余
月	日							
9	1			期初余额				600
	略	银付	2	提现金、备发工资	银行存款	15 000		15 600
		现付	1	发放工资	应付职工薪酬		15 000	600
		银付	3	提现金、备零用	银行存款	500		1 100
		现付	2	王某预借差旅费	其他应收款		150	950
		现收	1	收回差旅费余款	其他应收款	50		1 000
9	30			本月合计		15 550	15 150	1 000

（2）现金日记账的登记方法。现金日记账由出纳人员根据与现金收付有关的记账凭证，按时间顺序逐日逐笔进行登记，并根据“上日余额+本日收入−本日支出=本日余额”的公式，逐日结出现金余额。三栏式现金日记账的记账登记方法如下：

①日期栏 登记现金实际收付日期，应与所依据的记账凭证日期相一致。

②凭证栏　应分别登记凭证种类及凭证号数。其凭证种类有“现金收款（付款）凭证”，简写为“现收（付）”，“银行存款付款凭证”，简写为“银付”。

③摘要栏　摘录入账经济业务要点，既要文字简练，又要说明清楚。

④对方科目栏　登记现金收入或现金付出的对应科目。

⑤收入栏　登记收入现金的数额。

⑥付出栏　登记付出现金的数额。

⑦结余栏　可登记每笔收付业务后的现金结余数额。每日营业终了，必须结算并登记当天的现金结余数额，并与库存现金实存数核对相符，做到“日清月结”。

二、银行存款日记账的格式和登记方法

（一）银行存款日记账的格式

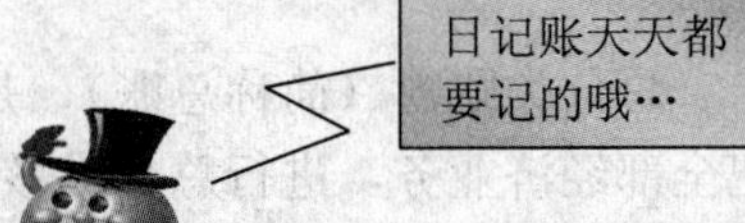

银行存款日记账是用来核算和监督银行存款每日的收入、支出和结余情况的账簿。银行存款日记账应按企业在银行开立的账户和币种分别设置，每个银行账户设置一本日记账。银行存款日记账的格式与现金日记账相同，既可以采用三栏式，也可以采用多栏式，而且必须使用订本式账簿。

（二）银行存款日记账的登记方法

银行存款日记账由出纳员根据与银行存款收付业务有关的记账凭证，按时间先后顺序逐日逐笔进行登记，并每日结出存款余额。

三栏式银行存款日记账的登记方法基本同三栏式现金日记账，其中“结算凭证——种类”栏登记银行存款收付业务采用的支付方式种类，如支票、银行汇票、委托收款、汇兑等。“结算凭证——编号”栏登记所用支付方式凭证的编号，如支票编号、银行汇票编号等。格式见表7−5。

表7−5　银行存款日记账　　第×页

××年		凭证字号	摘要	结算凭证		对方科目	收入	付出	结余
月	日			种类	编号				
6	1		期初余额						155 000
	1	银收1	接受投入资金	略	略	实收资本	200 000		355 000
	6	银付2	从银行提现			库存现金		5 000	350 000
	12	银收2	收到应收账款			应收账款	100 000		450 000
6	30		本月合计				300 000	5 000	450 000

思考：特种日记账为什么必须使用订本式账簿？

任务 7.3　登记分类账

【目标】　了解分类账的格式与使用方法。
【能力】　掌握分类账的记账方法。

一、总分类账的格式和登记方法

（一）总分类账的格式

总分类账簿（简称总账），是根据总分类科目又称一级会计科目开设账户，用来登记全部经济业务，进行总分类核算，提供总括核算资料的分类账簿。在我国，各个单位都必须设置总账。总账一般采用订本式账簿，账页格式为三栏式，设有"借方""贷方"和"余额"三个金额栏。格式见表 7－6。

（二）总分类账的登记方法

总账的登记方法由各单位所采用的账务处理程序决定。它可以根据记账凭证逐笔登记，也可以根据经过汇总的科目汇总表或汇总记账凭证等登记，如表 7－5。

表 7－6　总分类账

账户名称：应付账款　　　　　　　　　　　　　　　　　　第×页

××年		凭证字号	摘要	借方	贷方	借或贷	余额
月	日						
3	1	略	期初余额			贷	38 000
	14		购料		3 500	贷	41 500
	24		购料		17 550	贷	59 050
3	31		本月合计		21 050	贷	59 050

二、明细分类账的格式与登记方法

明细分类账簿（简称明细账），是根据明细分类科目开设账户，用来登记某一类经济业务，进行明细分类核算，提供明细核算资料的分类账簿。明细账一般采用活页式账簿，其账页格式通常采用的是三栏式、多栏式、数量金额式和横线登记式等。

（一）明细账的格式

1. 三栏式明细账　三栏式明细账的账页格式与三栏式总账格式相同，只设置“借方”、“贷方”和“余额”三个金额栏。它主要适用于只需要进行金额核算而不需要进行数量和单位价值核算的账户，如资本、债权、债务等明细账。格式见表7－7。

表7－7　应收账款明细账分类账（三栏式）

明细科目：A企业　　第×页

××年		凭证字号	摘要	借方	贷方	借或贷	余额
月	日						
6	1		期初余额			借	11 000
	5	转账3	销售产品应收货款	15 000		借	26 000
	10	银收8	收回货款		15 000	借	11 000
	12	转账5	销售产品应收货款	20 000		借	31 000
	…	…	…	…	…	…	…
6	20		过次页	56 200	37 000	借	30 200

2. 多栏式明细账。多栏式明细账在三栏式明细账的基础上，对借方或贷方发生额，又按有关明细科目或明细项目分设若干专栏，分为借方多栏式明细账、贷方多栏式明细账和借贷多栏式明细账三种。

借方多栏式明细账是对借方发生额栏设置若干专栏。它主要适用于成本费用类账户的明细分类核算，如生产成本、制造费用、管理费用等明细分类账。格式见表7－8。贷方多栏式明细账是对贷方发生额栏设置若干专栏。它主要适用于收入类账户的明细分类核算，如主营业务收入、其他业务收入等明细分类账。

表7－8　管理费用明细分类账（借方多栏式）　　第×页

××年		凭证字号	摘要	借方						余额
月	日			人工费	差旅费	办公费	折旧费	其他	合计	
6	1	略	支付办公费			500			500	500
	5		应付工资	1 500					1 500	2 000
	12		报销差旅费		2 600				2 600	4 600
	21		水电费					680	680	5 280
	30		计提折旧费				5 300		5 300	10 580
	30		结转费用	1 500	2 600	500	5 300	680	10 580	0
6	30		本月合计	1 500	2 600	500	5 300	680	10 580	0

（注：贷方多栏式明细账、借贷多栏式明细账在本书中不再详述）

3. 数量金额式明细账。数量金额式明细账是在其“借方”、“贷方”和“余额”三栏内，又分别设置“数量”、“单价”和“金额”三个小栏，用来登记财产物资的收入、发出和结存的数量和金额。它主要适用于既要进行金额核算又要进行数量和单位价值核算的账户，如原材料、库存商品、周转材料等财产物资明细分类账。格式见表7—9。

表7—9 原材料明细分类账（数量金额式）

明细会计科目：A材料　　　　第×页

××年		凭证字号	摘要	收入			发出			结存		
月	日			数量	单价	金额	数量	单价	金额	数量	单价	金额
6	1		期初余额							100	20	2 000
	1	银付1	购料	200	20	4 000				300	20	6 000
	5	转1	领料				100	20	2 000	200	20	4 000

4. 横线登记式明细账。横线登记式明细账又称为平行式账，是指在同一张账页的同一行，记录某一项经济业务从发生到结束的相关内容，从而依据每一行各个栏目的登记是否齐全来判断该项业务的进展情况。该明细分类账适用于登记材料采购业务、应收票据和一次性备用金业务。格式见表7—10。

表7—10 其他应收款——备用金明细账　　　　第×页

××年		凭证字号	摘要	借方			××年		凭证字号	摘要	贷方			余额
月	日			原借	补付	合计	月	日			报销	退回	合计	
3	5	略	李玉	2 000										
	8		王志	1 000	250	1 250	3	20	略	报销	1 250		1 250	0

（二）明细账的登记方法

不同类型经济业务的明细账可根据管理需要，依据记账凭证、原始凭证或汇总原始凭证逐日逐笔或定期汇总登记。固定资产、债权和债务等明细账应逐日逐笔登记。库存商品、原材料等明细账以及收入、费用明细账可以逐笔登记，也可定期汇总登记。对于借方多栏式明细账的登记，如果发生贷方发生额，应用红字在借方栏内表示减少；对于贷方多栏式明细账的登记，如果发生借方发生额，应用红字在贷方栏内登记表示减少。

三、备查账的格式和登记方法

备查账又称辅助账，是对某些在序时账簿和分类账簿中未能记录或记录不全的经济事项进行补充登记的账簿，如租入固定资产登记簿、委托加工材料登记簿和应收票据备

查账等。备查账一般没有固定格式，由各单位根据管理需要设计相应的项目和内容。格式见表 7－11。

表 7－11 融资租入固定资产登记簿

固定资产名称及规格	租约合同号数	租出单位	租入日期	租金	使用部门		归还日期	备注
					日期	单位		

与序时账簿和分类账簿相比，登记备查账簿时，不需要编制记账凭证，且备查账簿的主要栏目不记录金额，而是更注重用文字表述。

思考：分类账有哪些格式?

任务 7.4 错账更正方法

【目标】 了解错账之后的处理方法。

【能力】 掌握错账更正的三种方法。

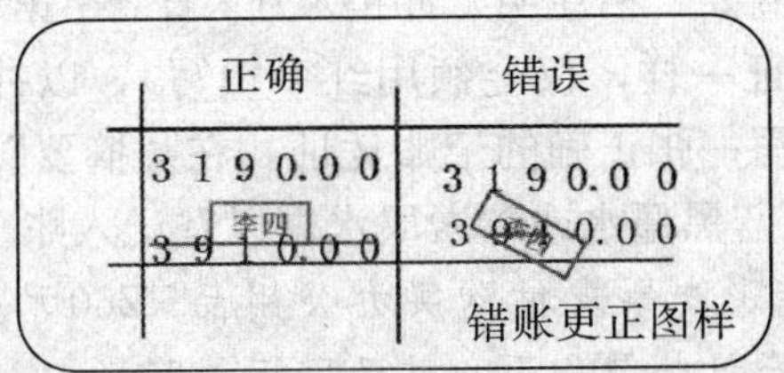

在登记账簿或对账过程中，会计人员发现账簿记录错误，不得涂改、刮擦、挖补或者用药水消除字迹。会计人员必须根据错账的具体情况，按规定的方法更正错账。错账更正的方法一般包括三种：划线更正法、红字更正法和补充登记法。

一、划线更正法

划线更正法又称红线更正法，是指在记账过程中，如果发现账簿记录有文字或数字错误，而记账凭证填制正确，应采用划线更正法进行更正。更正的方法是：先将错误的文字或数字划一条红色横线予以注销，但必须使原有字迹仍可辨认，以备查考。然后在划线上方用蓝黑墨水或碳素墨水填写正确的文字或者数字，并由记账人员在更正处盖章，以明确责任。对于文字错误，可划线注销错误的文字；对于数字错误，应将整个数字全部划红线注销更正，而不得只更正其中的错误数字。

例如：

1. 文字改错：如将“购买钢材”误记为“购买纲材”，应更正为：钢 王红 购买~~纲~~材

2. 数字改错：如将“62 873”误记为“62 378”，应更正为 62 873 王红 ~~62 378~~

不得更改为 873 王红 62 ~~378~~

二、红字更正法

红字更正法又称红字冲销法，是指在记账以后，当年内发现记账凭证中会计科目有错误，或会计科目正确，只是所记金额大于应记金额，造成账簿记录错误，应采用红字更正法更正。红字更正法一般适用于以下两种情况：

（一）记账后发现记账凭证中会计科目的名称或应借、应贷科目方向错误，或者二者同金额均有错误

更正方法是：用红字填写一张与原错误记账凭证内容相同的记账凭证，凭证编号要按照顺序连续编号，在“摘要”栏注明“冲销×月×日×字第×号记账凭证”，并据以登记入账（登账时同记账凭证一样，仅金额用红字填写），以冲销原来错误记录。然后，用蓝黑墨水或碳素墨水填写一张正确的记账凭证，在“摘要”栏注明“订正×月×日×字第×号记账凭证”，并用蓝黑墨水或碳素墨水据以登记入账。

【例 1】利达公司用转账支票支付购买办公用品 5 260 元。填制记账凭证时中，编制会计分录如下，并已登记入账。

登错账了，咋办…

原错误分录为：

借：销售费用　　　　5 260

　　贷：银行存款　　　　5 260

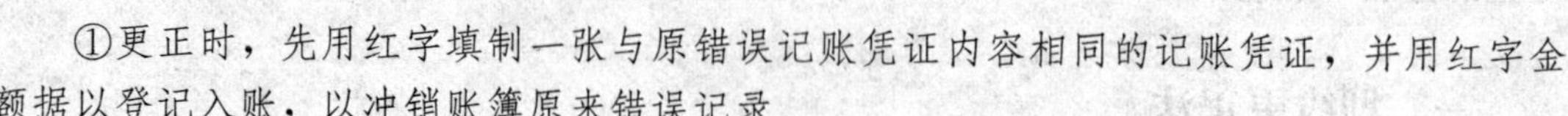

①更正时，先用红字填制一张与原错误记账凭证内容相同的记账凭证，并用红字金额据以登记入账，以冲销账簿原来错误记录。

会计编制如下：

借：销售费用　　　　5 260

　　贷：银行存款　　　　5 260

②然后，再用蓝黑墨水或碳素墨水填写一张正确的记账凭证，并用蓝黑墨水或碳素墨水登记入账。会计分录编制如下：

借：管理费用　　　　5 260

　　贷：银行存款　　　　5 260

上述错账更正的账簿记录，见表 7－12。

表 7－12

销售费用	
5 260	
①5 260	

银行存款	
	5 260
	①5 260
	②5 260

销售费用	
②5 260	

（二）记账后发现记账凭证中会计科目的名称和应借、应贷科目方向均无错误，只是所记金额大于应记金额。

更正方法是：应将多记金额用红字填制一张与原错误记账凭证会计科目名称、借贷方向相同的记账凭证，在“摘要”栏注明“冲销×月×日×字第×号记账凭证多记金额”并用红字金额据以登记入账，以冲销原来多记金额。

【例 2】利达公司从银行提取现金2 300元，以备零星开支使用。填制记账凭证时，编制会计分录如下，并已登记入账。

原错误分录为：

借：库存现金　　　　　3 200

　　贷：银行存款　　　　3 200

更正时，应将多记金额 900 元用红字填制一张与原错误记账凭证会计科目名称、借贷方向相同的记账凭证，并用红字金额据以登记入账，以冲销账簿原来多记金额。会计分录编制如下：

借：库存现金　　　　　900

　　贷：银行存款　　　　900

上述错账更正的账簿记录，见表 7－13。

表 7－13

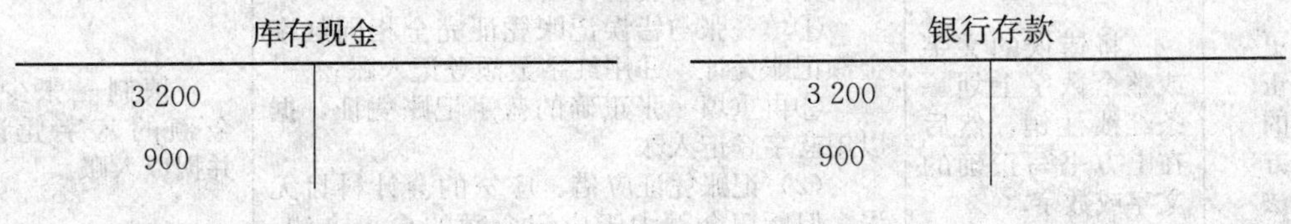

库存现金	
3 200	
900	

银行存款	
	3 200
	900

三、补充登记法

补充登记法是指在记账以后，发现记账凭证中会计科目的名称和应借、应贷科目方向填制正确，只是所记金额小于应记金额，应采用补充登记法更正。

更正方法是：应将少记金额用蓝黑墨水或碳素墨水填制一张与原错误记账凭证会计科目名称和借贷方向相同的记账凭证，在“摘要”栏注明“补记×月×日×字第×号记账凭证少记金额”，并用蓝黑墨水或碳素墨水据以登记入账，以补充原来少记金额。

【例 3】利达公司生产车间领用材料一批，价值6 800元，用以生产产品。填制记账凭证时，编制会计分录如下，并已登记入账。

原错误分录为：

借：生产成本　　　　　　6 500

　　贷：原材料　　　　　6 500

更正时，应将少记金额300元，用蓝黑墨水或碳素墨水填制一张与原错误记账凭证会计科目名称和借贷方向相同的记账凭证，并据以登记入账。

会计分录编制如下：

借：生产成本　　　　　　300

　　贷：原材料　　　　　300

上述错账更正的账簿记录，见表7－14。

表7－14

生产成本（借方）	生产成本（贷方）	原材料（借方）	原材料（贷方）
6 500			6 500
300			300

以上三种错账更正方法的情况，见表7－15。

表7－15　错账更正方法情况表

更正方法	划线更正法	红字更正法	补充登记法
适用范围	记账凭证正确，在记账或结账过程中发现账簿记录中单纯文字、数字错误等。	（1）记账凭证中会计科目或应借、应贷科目方向有误，造成登账错误； （2）记账凭证中会计科目或应借、应贷科目方向均无误，但所记金额大于应记金额，造成登账错误。	记账凭证会计科目和应借、应贷科目方向无误，但所记金额小于应记金额，造成的登账错误。
更正的方法	将错误的文字或整个数字上划一条红线注销，然后在上方书写正确的文字或数字。	（1）记账凭证中会计科目或应借、应贷科目方向有误的更正方法： ①填一张与错误记账凭证完全相同红字金额记账凭证，并用红字金额登记入账； ②再重填一张正确的蓝字记账凭证，据以用蓝字登记入账。 （2）记账凭证应借、应贷的会计科目无误，但所记金额大于应记金额的更正方法：填制一张多记的金额红字记账凭证，并据以入账。	填制一张少记金额的蓝字凭证，并据以入账。

☆☆☆**注意**：以上是对当年内发现的错账进行更正的方法，如果发现以前年度差错，应当采用前期差错更正法进行更正。

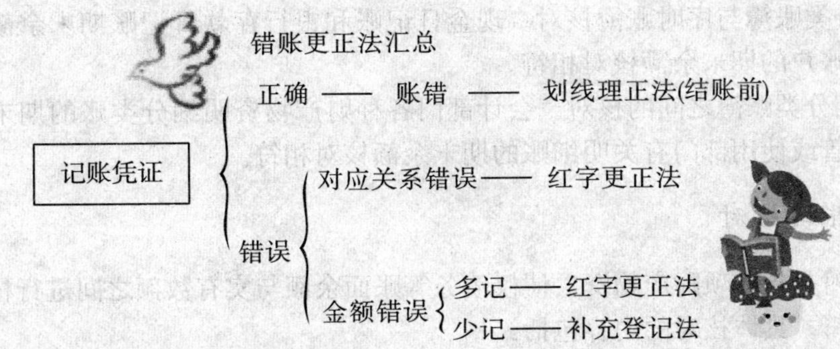

思考：错账主要有几种更正方法？

任务 7.5　会计账簿的对账和结账

【目标】 了解会计账簿的结账程序。

【能力】 掌握会计账簿的结账方法。

一、对账

对账就是指在本期内对账簿记录进行核对。为了保证各种账簿记录的完整和正确，为编制会计报表提供真实可靠的数据资料，各单位应当定期将会计账簿记录与相关会计凭证、库存实物、款项及有关资料等进行相互核对，以保证会计账簿记录与会计凭证的有关内容相符、会计账簿记录与实物及款项的实有数额相符、会计账簿之间相对应的记录相符。对账的内容主要包括账证核对、账账核对和账实核对。

（一）账证核对

账证核对是将会计账簿记录与原始凭证、记账凭证的时间、凭证字号、内容、金额和记账方向进行核对，检查账证是否相符。一般来说，日记账应与收、付款凭证相核对，总账应与记账凭证相核对，明细账应与记账凭证或原始凭证相核对。

（二）账账核对

账账核对是将不同会计账簿之间的账簿记录进行核对，检查账账是否相符。具体核对的内容包括：

1. 总分类账簿有关账户的余额核对。资产类账户的余额应等于权益类账户的余额，或总账账户的借方期末余额合计数应与贷方期末余额合计数核对相符。

2. 总分类账簿与所属明细分类账簿核对。总账账户的期末余额数应与所属明细分类账户期末余额之和核对相符。

3. 总分类账簿与序时账簿核对。现金日记账和银行存款日记账期末余额应分别同有关总分类账户的期末余额核对相符。

4. 明细分类账簿之间的核对。会计部门各种财产物资明细分类账的期末余额应与财产物资保管或使用部门有关明细账的期末余额核对相符。

（三）账实核对

账实核对是指各项财产物资、债权债务等账面余额与实有数额之间进行核对，检查账实是否相符。具体核对的内容包括：

1. 现金日记账的账面余额与现金实际库存数相核对。

2. 银行存款日记账的账面余额与银行送来的对账单相核对。

3. 各种财产物资明细账的账面余额与财产物资实存数额相核对。

4. 各种应收、应付款明细账的账面余额与有关债务、债权单位或个人相核对。账实核对一般是通过财产清查进行的。对此，将在财产清查一讲中做详细说明。

二、结账

结账是指在将本期内所发生的经济业务全部登记入账的基础上，于会计期末按照规定的方法，计算并记录本期发生额和期末余额。

（一）结账的程序

1. 将本期发生的各项经济业务全部登记入账，若发现漏账、错账，应及时补记、更正，保证其正确性。

2. 对有关账项进行账项调整。账项调整又称“期末账项调整”，是期末结账前根据权责发生制的要求，调整有关账项，合理确定本期应计的收入和应负担的费用，并据以对账簿记录的有关账项作出必要调整的会计处理方法。

3. 将损益类账户结转入“本年利润”账户，结平所有损益类账户。

4. 在本期全部经济业务登记入账的基础上，结算出所有账户的本期发生额和期末的余额。

（二）结账的方法

计算登记各种账簿本期发生额和期末余额的工作，一般按月进行，称为月结；按季结算，称为季结；年度终了，进行年终结账，称为年结。一般手工账簿结账都划“结账线”。结账划线的目的，是为了突出本月合计数及月末余额，表示本会计期间的会计记录已经截止或结束，并将本期与下期的记录明显分开。

1. 月结。每月结账时，应在各账户本月份最后一笔记录下面划一条通栏单红线，表示本月经济业务到此为止。然后，在红线下面结出本月发生额和月末余额，如果没有余额，在余额栏内写上“平”或“0”符号。

2. 季结。季结的结账方法与月结基本相同，但在摘要栏内注明“本季合计”或“第×季度发生额及余额”字样。

3. 年结。办理年终结账时，应在12月份月结的下一行（需办理季结的，应在第四季度的季结下一行）下面划通栏双红线表示封账，完成了年结工作。格式，见表7－16。

表7－16　应收账款明细账　　第×页

××年		凭证字号	摘要	借方	贷方	借或贷	余额
月	日						
1	1	略	上年结转			借	6 300
	8			7 200		借	13 500
	25				3 500	借	10 000
1	31		本月合计	7 200	3 500	借	10 000
			本年累计	7 200	3 500	借	10 000
2	6	略		8 600		借	18 600
	12				5 000	借	13 600
	26			5 700		借	19 300
2	28		本月合计	14 300	5 000	借	19 300
			本年累计	21 500	8 500	借	19 300
12	5	略		35 000		借	54 300
	20				4 200	借	50 100
	28				7 000	借	43 100
12	31		本月合计	35 000	11 200	借	43 100
			本年累计	661 200	624 400	借	43 100
			结转下年				

思考：结账线有什么作用？

任务7.6　会计账簿的更换和保管

【目标】　熟知会计账簿的更换和保管的规定。

【能力】　懂得如何更换和保管会计账簿。

一、会计账簿的更换

会计账簿的更换是指在会计年度终了，将上年旧账更换为次年新账。

更换新账的程序是：

（一）年度终了，在本年有余额的账户“摘要”栏内注明“结转下年”字样。

（二）更换新账，注明各账户的年份，在第一行“日期”栏内写明1月1日；“凭证字号”栏空置不填；将各账户的上年末余额直接抄入新账余额栏内，并填写余额的借贷方向，在“摘要”栏内注明“上年结转”字样。过入新账的有关账簿余额的结转事项，不需要编制记账凭证。

在新的会计年度建账并不是所有的账簿都更换为新的，一般来说，现金日记账、银行存款日记账、总分类账、大多数明细分类账应每年更换一次。但是有些财产物资明细账和债权债务明细账，由于材料品种、规格和往来单位较多，更换新账重抄一遍工作量较大；有些明细账因年度内变动不多，如固定资产卡片明细账。所以，这些账簿可以跨年度使用，不必每年更换一次。第二年使用时，可直接在上年终了的双线下面记账。各种备查簿也可以连续使用。

二、会计账簿的保管

会计账簿是各单位重要的经济资料，必须建立管理制度，妥善保管。账簿管理分为平时管理和归档保管两部分。

（一）账簿平时管理的具体要求

各种账簿要分工明确，指定专人管理，账簿经管人员既要负责记账、对账、结账等工作，又要负责保证账簿安全。

会计账簿未经领导和会计负责人或者有关人员批准，非经管人员不能随意翻阅查看会计账簿。会计账簿除需要与外单位核对外，一般不能携带外出，对携带外出的账簿，应由会计主管指定专人负责。会计账簿不能随意交与其他人管理，以保证账簿安全和防止任意涂改账簿等问题发生。

（二）旧账归档保管

年度终了更换并启用新账后，对更换下来的旧账要整理装订，造册归档。

归档前旧账的整理工作包括：检查和补齐应办的手续，如改错盖章、注销空行及空页、结转余额等。

活页账应撤出未使用的空白账页，再装订成册，并注明各账页号数。

旧账装订时应注意：

1. 活页账一般按账户分类装订成册，一个账户装订成一册或数册；某些账户账页较少，也可以合并装订成一册。

2. 装订时应检查账簿扉页的内容是否填写齐全。

3. 装订后应由经办人员及装订人员、会计主管人员签名或盖章。

4. 旧账装订完毕应编制目录和编写移交清单，然后按期移交档案部门保管。

各种账簿同会计凭证和会计报表一样，都是重要的经济档案，必须按照制度统一规定的保存年限妥善保管，不得丢失和任意销毁。保管期满后，应按照规定的审批程序报经批准后才能销毁。

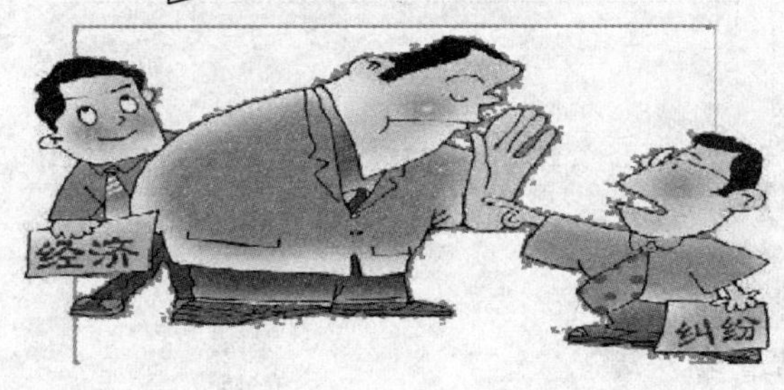

思考：账簿保管有什么要求？

项目 8 财产清查

【主要任务内容】

任务 8.1 财产清查预备知识
任务 8.2 财产清查的方法
任务 8.3 财产清查结果的处理

【任务目标】

通过地项目 8 的学习和探索，理解财产清查的必要性，了解财产清查的种类，掌握各项财产物资的清查方法和财产清查结果的财务处理，财产清查的基本技能。

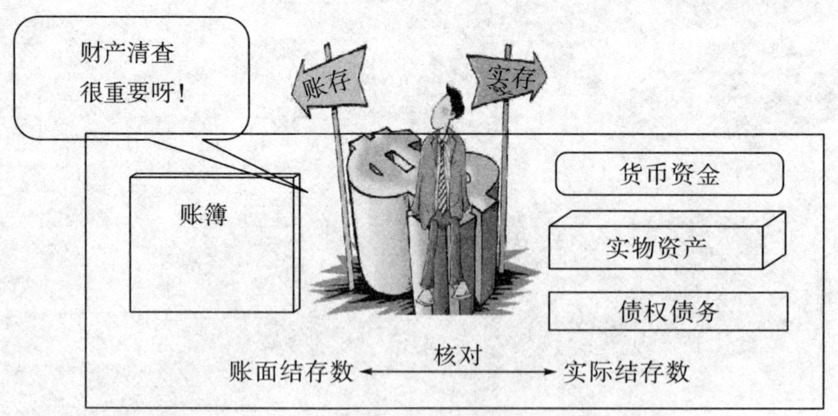

任务 8.1 财产清查预备知识

【目标】 了解财产清查在经济管理中的意义。
【能力】 掌握财产清查的方式。

一、财产清查的意义和种类

（一）财产清查的意义

财产清查也叫财产检查，是指通过对实物、现金的实地盘点和对银行存款、往来款项的核对，查明各项财产物资、货币资金、往来款项的实有数和账面数是否相符的一种会计核算的专门方法。

企业的会计工作，都要先通过会计凭证的填制和审核，然后及时地在账簿中进行连续登记。应该说，这一过程既能保证账簿记录的正确性，又能真实反映企业各项财产的实有数。各项财产的账实应该是一致的，但是在实际工作中，由于种种原因，账簿记录会发生差错，各项财产的实际结存数也会发生差错，造成账存数与实存数发生差异。因此，运用财产清查的手段，对各种财产物资进行定期或不定期的核对和盘点，具有十分重要的意义：

1. 保证账实相符，使会计资料真实可靠；
2. 保护财产的安全和完整；
3. 挖掘财产潜力，加速资金周转；
4. 保证财经纪律和结算纪律的执行。

（二）财产清查的种类

财产清查，按照清查的对象和范围，可以分为全面清查和局部清查。按照清查的时间，可以分为定期清查和不定期清查。下面分别加以说明。

1. 全面清查与局部清查

全面清查是指对所有的财产和资金进行全面盘点与核对。其清查对象主要包括：原材料、在产品、自制半成品、库存商品、库存现金、银行存款、有价证券及外币、在途物资、委托加工物资、往来款项、固定资产等。全面清查范围广，工作量大，一般在年终决算或企业撤销、合并或改变隶属关系时进行。

局部清查也称重点清查，是指根据需要只对财产中某些重点部分进行的清查。如流动资金中变化较频繁的原材料、库存商品等，除年度全面清查外，还应根据需要随时轮流盘点或重点抽查。各种贵重物资要每月至少清查一次，库存现金要天天核对，银行存款要按银行对账单逐笔核对。

2. 定期清查和不定期清查

定期清查是指在规定的时间内所进行的财产清查。一般是在年、季、月终了后进行。不定期清查也称临时清查，是指根据实际需要临时进行的财产清查。一般是在更换财产物资保管人员、企业撤销、合并或发生财产损失等情况时所进行的清查。定期清查和不定期清查的范围应视具体情况而定，可全面清查也可局部清查。

思考：在财产清查中如何选定合适的清查方式？

任务 8.2　财产清查的方法

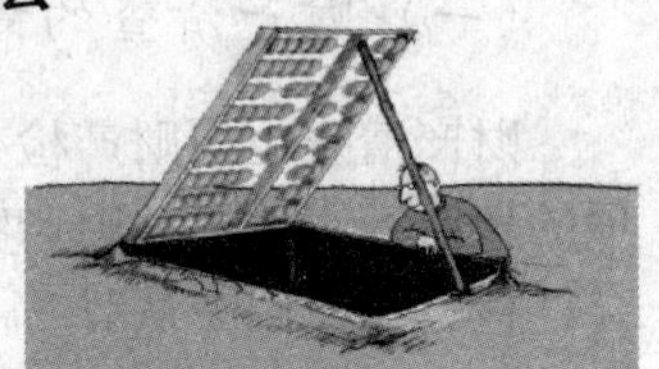

【目标】 认识财产清查的方法与处理原则。

【能力】 掌握财产清查方法的具体做法和账务处理。

一、财产清查的准备工作

财产清查一般应在企业单位负责人（如厂长、经理等）的领导下，由会计、业务、仓库等有关部门的人员组成财产清查的专门班子，具体负责财产清查的领导工作。在清查前，必须首先做好以下几项准备工作：

（一）清查小组制定财产计划，确定清查对象、范围，明确清查任务。

（二）财务部门要将总账、明细账等有关资料登记齐全，核对正确，结出余额。

（三）保管部门对所保管的各种财产物资以及账簿、账卡挂上标签，标明品种、规格、数量，以备查对。

（四）银行存款应从银行取得对账单，以便查对。

（五）对需要使用的度量衡器，要提前校验正确，保证计量准确。对应用的所有表册，都要准备妥当。

二、财产清查的方法

（一）实物资产的清查

实物数量的清查方法，比较常用的有以下两种：

1. 实物盘点。即通过逐一清点或用计量器具来确定实物的实存数量。其适用的范围较广，在多数财产物资清查中都可以采用这种方法。

2. 技术推算。采用这种方法，对于财产物资不是逐一清点计数，而是通过量方、计尺等技术推算财产物资的结存数量。这种方法只适用于成堆量大而价值又不高难以逐一清点的财产物资的清查。例如，露天堆放的煤炭等。

实物清查过程中，实物保管人员和盘点人员必须同时在场。对于盘点结果，应如实登记盘存单，并由盘点人和实物保管人签字或盖章，以明确经济责任。盘存单既是记录盘点结果的书面证明，也是反映财产物资实存数的原始凭证。其一般格式，见表 8-1。

表 8－1　盘存单

单位名称：恒易机电公司　　盘点时间：2012 年 7 月 31 日　　编号：012

财产类别：存货及固定资产　　存放地点：公司 2 号仓库　　金额单位：元

编号	名称	计量单位	数量	单价	金额	备注
H708	M 设备	台	1	3 000	3 000	盘亏，已经折旧2 400元

盘点人签章：陈鼎　　保管人：郑琳

为了查明实存数与账存数是否一致，确定盘盈或盘亏情况，应根据盘存单和有关账簿的记录，编制实存账存对比表。实存账存对比表是调整账簿记录的重要原始凭证，也是分析产生差异的原因，明确经济责任的依据。一般格式，见表 8－2。

表 8－2　湛江市恒易机电设备有限公司盘盈、盘亏报告表

2012 年 7 月 31 日　　编号：12 073 101

类别	名称	计量单位	单价	账存数量	实存数量	对比结果			
						盘盈		盘亏	
						数量	金额	数量	金额
固定资产	M 设备	台	3 000	2	1			1	3 000
原因以及处理意见	经查对账面记录，已提折旧2 400元。						审批意见		

仓库主管：张黎明　　制表：李萌

（二）库存现金的清查

库存现金的清查，包括人民币和各种外币的清查，都是采用实地盘点即通过点票数来确定现金的实存数，然后以实存数与现金日记账的账面余额进行核对，以查明账实是否相符及盈亏情况。

由于现金的收支业务十分频繁，容易出现差错，需要出纳人员每日进行清查和定期及不定期的专门清查。现金盘点报告表兼有盘存单和实存账存对比表的作用，是反映现金实有数和调整账簿记录的重要原始凭证。其一般格式，见表 8－3。

表 8－3　现金盘点报告表

单位名称：恒易机电公司　　2012 年 7 月 31 日

实存金额	账存金额	对比结果		备注
		盘盈	盘亏	
6 800	7 000		200	

盘点人：陈鼎　　出纳员：王丽

（三）银行存款的清查

银行存款的清查是采用与银行核对账目的方法来进行的，即将企业单位的银行存款日记账与从银行取得的对账单逐笔核对。

在实际工作中，企业银行存款日记账余额与银行对账单余额往往不一致，主要原因：

1. 双方账目发生错账、漏账。在与银行核对账目之前，应先仔细检查企业单位银行存款日记账的正确性和完整性，然后再与银行送来的对账单逐笔进行核对。

2. 正常的“未达账项”。所谓“未达账项”，是指由于双方记账时间不一致而发生的一方已经入账，而另一方尚未入账的款项。

企业单位与银行之间的未达账项，有以下四种情况：

（1）企业已入账，但银行尚未入账

①企业送存银行的款项，企业已做存款增加入账，但银行尚未入账；

②企业开出支票或其他付款凭证，企业已作为存款减少入账，但银行尚未付款、未记账。

（2）银行已入账，但企业尚未入账

①银行代企业收进的款项，银行已作为企业存款的增加入账，但企业尚未收到通知，因而未入账；

②银行代企业支付的款项，银行已作为企业存款的减少入账，但企业尚未收到通知，因而未入账。

上述任何一种情况的发生，都会使双方的账面存款余额不一致。

通过核对，如果发现企业单位有错账或漏账，应立即更正；如果发现银行有错账或漏账，应立即通知银行查明更正；如果发现有未达账项，则应据以编制银行存款余额调节表进行调节，并验证调节后余额是否相等。

【例1】2012年7月31日某企业银行存款日记账的账面余额为31 000元，银行对账单的余额为36 000元，经逐笔核对，发现有下列未达账项：

（1）29日，企业销售产品收到转账支票一张计2 000元，将支票存入银行，银行尚未办理入账手续。

（2）29日，企业采购原材料开出转账支票一张计1 000元，企业已作银行存款付出，银行尚未收到支票而未入账。

（3）30日，企业开出现金支票一张计250元，银行尚未入账。

（4）30日，银行代企业收回货款8 000元，收款通知尚未到达企业，企业尚未入账。

（5）31日，银行代付电费1 750元，付款通知尚未到达企业，企业尚未入账。

（6）31日，银行代付水费500元，付款通知尚未到达企业，企业尚未入账。

根据以上资料编制银行存款余额调节表，见表8-4。

表8-4 银行存款余额调节表

2012年7月31日　　单位：元

项目	金额	项目	金额
企业银行存款账面余额	31 000	银行对账单账面余额	36 000

续表8-4

项目	金额	项目	金额
加：银行已记增加，企业未记增加的账项		加：企业已记增加，银行未记增加的账项	
银行代收货款	8 000	存入的转账支票	2 000
减：银行已记减少，企业未记减少的账项		减：企业已记减少，银行未记减少的账项	
银行代付电费	1 750	开出转账支票	1 000
银行代付水费	500	开出现金支票	250
调节后存款余额	36 750	调节后存款余额	36 750

如果调节后双方余额相等，则一般说明双方记账没有差错；若不相等，则表明企业方或银行方或双方记账有差错，应进一步核对，查明原因予以更正。

需要注意的是，对于银行已经入账而企业尚未入账的未达账项，不能根据银行存款余额调节表来编制会计分录，作为记账依据，必须在收到银行的有关凭证后方可入账。另外，对于长期悬置的未达账项，应及时查明原因，予以解决。

（四）往来款项的清查

往来款项的清查，采用对方单位核对账目的方法。在检查各单位结算往来款项账目正确性和完整性的基础上，根据有关明细分类账的记录，按用户编制对账单，送交对方单位进行核对。

对账单一般一式两联，其中一联作为回单。如果对方单位核对相符，应在回单上盖章后退回；如果数字不符，则应将不符的情况在回单上注明，或另抄对账单退回，以便进一步清查。

思考：为什么要编制银行存款调节表？

任务8.3　财产清查结果的处理

【目标】　了解财产清查结果的处理制度。

【能力】　掌握财产清查结果的账务处理。

通过财产清查所发现的财产管理和核算方面存在的问题，应当认真分析研究，以有关的法令、制度为依据进行严肃处理。为此，应切实做好以下几个方面的工作：

一、查明差异，分析原因

通过财产清查所确定的清查资料和账簿记录之间的差异，要认真查明其性质和原因，明确经济责任，提出处理意见，按照规定程序经有关部门批准后，予以认真严肃的处理。

二、认真总结，加强管理

财产清查以后，针对所发现的问题和缺点，应当认真总结经验教训，建立和健全财产管理制度，提出改进工作的措施，进一步加强财产管理，保护财产的安全和完整。

三、调整账目，账实相符

财产清查的重要任务之一就是为了保证账实相符，财会部门对于财产清查中所发现的差异必须及时进行账簿记录的调整，在账务处理上通常分两步进行。

（一）将财产清查中发现的盘盈、盘亏或毁损数，通过“待处理财产损溢”账户，登记有关账簿，使账存数和实存数相一致。

（二）在审批后，应根据批准的处理意见，再从“待处理财产损溢”账户转入有关账户。

“待处理财产损溢”是账户一个暂记账户，它是专门用来核算企业在财产清查过程中查明的各种财产物资的盘盈、盘亏和毁损的账户。

各种财产物资的盘盈、盘亏和毁损的账务处理，见表 8-5。

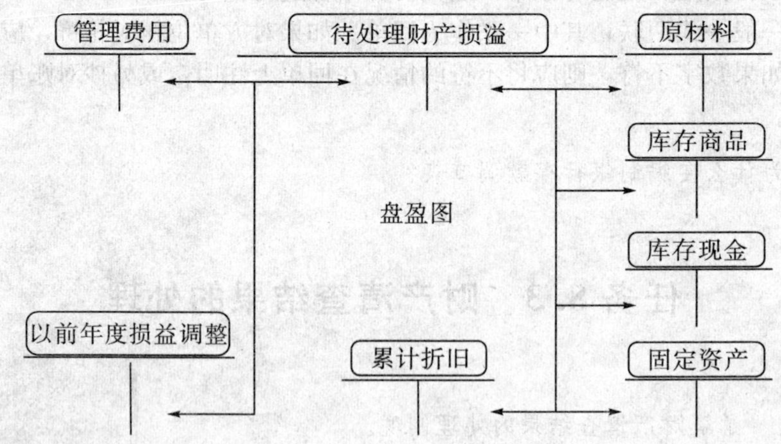

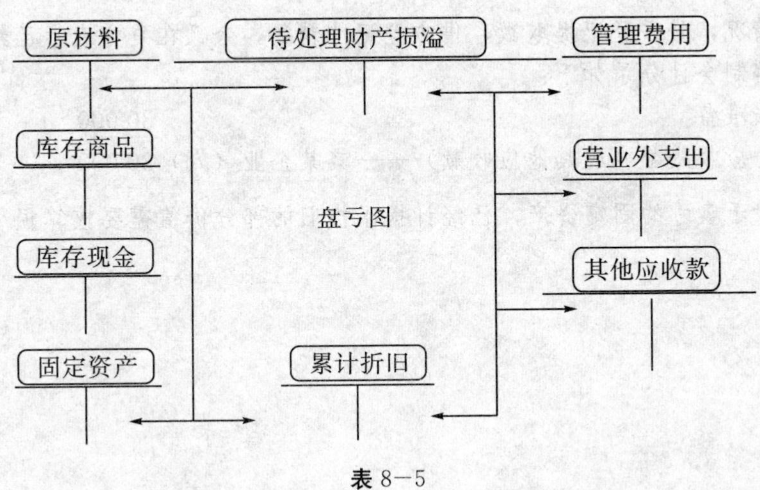

表 8—5

【**例** 2】某企业在财产清查中，盘盈原材料 6 吨，价值18 000元。报经批准前，根据实存账存对比表的记录，编制会计分录：

借：原材料　　18 000

　　贷：待处理财产损溢——待处理流动资产损溢　　18 000

经查明，这项盘盈材料因计量仪器不准造成生产领用少付多算，所以，经批准冲减本月管理费用，编制会计分录如下：

借：待处理财产损溢——待处理流动资产损溢　　18 000

　　贷：管理费用　　18 000

【**例** 3】在财产清查中，发现购进的甲材料实际库存较账面库存短缺15 000元。

报经批准前，先调整账面余额，编制会计分录如下：

借：待处理财产损溢——待处理流动资产损溢　　15 000

　　贷：原材料—甲材料　　15 000

报经批准，如果属于定额内的自然损耗，则应作为管理费用，计入本期损益，

编制会计分录如下：

借：管理费用　　15 000

　　贷：待处理财产损溢——待处理流动资产损溢　　15 000

如果属于管理人员过失造成则应由过失人赔偿，编制会计分录如下：

借：其他应收款——某某人　　15 000

　　贷：待处理财产损溢——待处理流动资产损溢　　15 000

如果属于非常灾害造成的损失应经批准列作营业外支出，编制会计分录如下：

借：营业外支出　　15 000

　　贷：待处理财产损溢——待处理流动资产损溢　　15 000

【**例** 4】在财产清查中，查明确实无法收回的账款30 000元，经批准作为坏账损失。

"坏账准备"是资产类的账户，是"应收账款"的抵减账户，用来核算坏账准备的

提取和转销情况，贷方登记提取数，借方登记冲销数，余额在贷方表示已经提取尚未冲销的坏账，编制会计分录如下：

借：坏账准备　　30 000

　　贷：应收账款（或其他应收款）——某某企业（人）30 000

思考：对于盘亏的固定资产，已经计提了折旧的部分价值需要核算损失吗？

项目 9　编制会计报表

【主要任务内容】

任务 9.1　编制会计报表的预备知识
任务 9.2　编制资产负债表
任务 9.3　编制利润表

【任务目标】

通过对项目 9 的学习和探索，了解会计报表及其编制的要求，掌握资产负债表和利润表的概念、结构、内容及编制方法。

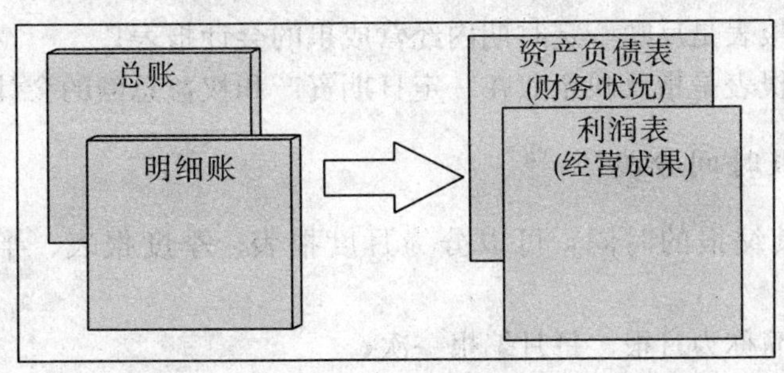

任务 9.1　编制会计报表的预备知识

【目标】　了解会计报表的种类和在会计核算中的意义。
【能力】　掌握会计报表的编制原则。

一、财务会计报告的概念和意义

财务会计报告是指企业对外提供的反映企业某一特定日期财务状况和某一会计期间经营成果、现金流量等会计信息的文件。财务会计报告是会计核算过程中最后提出的结果，也是会计核算工作的阶段性总结。

财务会计报告可向财务会计报告使用者提供与企业财务状况、经营成果和现金流量等有关的会计信息，反映企业管理层受托责任履行情况，有助于财务会计报告使用者做出经济决策，具有十分重要的意义。

（一）财务会计报告可以为投资者和债权人的投资、贷款决策提供信息。

（二）财务会计报告可以为单位加强经济管理提供资料。

（三）财务会计报告可以为有关管理部门加强检查、监督，维护经济秩序和提供资料。

二、会计报表的种类

会计报表按照不同的标准可以分为不同的类别，比较常见的分类标准及类别有五种，分别为：

（一）按反映内容分类

会计报表按其反映的内容，可以分为动态会计报表和静态会计报表。

1. 动态会计报表是反映一定时期内经营成果的会计报表；
2. 静态会计报表是指反映企业在一定日期资产和权益总额的会计报表。

（二）按编报时间分类

会计报表按其编报的时间，可以分为月度报表、季度报表、半年度报表和年度报表。

1. 月度报表简称为月报，每月编报一次；
2. 季度报表简称为季报，每季编报一次，包括资产负债表和利润表；
3. 半年度报表简称为半年报，每年 6 月 30 日编报一次；
4. 年度报表简称为年报，每年编报一次。

（三）按编制单位分类

会计报表按其编制的单位，可以分为单位报表和汇总报表。

1. 单位报表是指企业在自身会计核算的基础上，对账簿记录进行加工而编制的会计报表，以反映企业本身的财务状况、经营成果和现金流量情况；
2. 汇总报表是指由总公司或主管部门（系统），根据所属单位报送的会计报表，连同本单位会计报表汇总编制的综合性会计报表。

（四）按编制主体分类

会计报表按编制主体的不同，可以分为个别会计报表和合并会计报表。

1. 个别会计报表是指仅仅反映一个会计主体的报表；

2. 合并会计报表是将多个具有控股关系的会计主体的财务状况、经营成果合并编制的会计报表，该报表由母公司进行编制，包括所有控股公司会计报表的数字。

（五）按服务对象分类

会计报表按其服务的对象，可以分为对内报表和对外报表。

1. 对内报表是指为企业内部经营管理服务而编制的不对外公开的会计报表；

2. 对外报表是指企业为满足国家宏观经济管理部门、投资者、债权人及其他有关会计信息使用者对会计信息的需求而编制的对外提供服务的会计报表，它要求有统一的报表格式、指标体系和编制时间等。

二、财务报表的编制要求

为了充分发挥财务报表的作用，保证财务报表所提供的信息能够满足有关各方的需要，在编制财务报表时，必须符合以下要求：

（一）数字真实

财务报告中的各项数据必须真实可靠，如实地反映企业的财务状况、经营成果和现金流量。

（二）内容完整

财务报表应当反映企业经济活动的全貌，全面反映企业的财务状况和经营成果，才能满足各方面对会计信息的需要。

（三）计算准确

日常的会计核算以及编制财务报表，涉及大量的数字计算，只有准确的计算，才能保证数字的真实可靠。不能以任何方式弄虚作假，玩数字游戏或隐瞒谎报。

（四）报送及时

及时性是信息的重要特征，财务报表信息只有及时地传递给信息使用者，才能为使用者的决策提供依据。

（五）手续完备

企业对外提供的财务报表应加具封面、装订成册、加盖公章。

思考：编制会计报表有什么要求？

会计报表分类图

分类方法	分类内容	会计报表的组成
按报表反映的内容分类	动态会计报表 静态会计报表	如利润表、现金流量表 如资产负债表
按报表编报的时间分类	月报 季报 年报	如资产负债表、利润表等 如资产负债表、利润表等 如资产负债表、利润表和现金流量表等
按报表的编报单位分类	单位报表 汇总报表	如单位编制的资产负债表、利润表等 如主管单位汇总的资产负债表、利润表等
按编制主体的不同分类	个别报表 合并报表	如子公司单独编制的资产负债表、利润表等 如总公司单独编制的资产负债表、利润表等
按报表的服务对象分类	对内报表 对外报表	如各种成本计算表、制造费用分配表等 如资产负债表、利润表和现金流量表等

任务 9.2　编制资产负债表

【目标】　认识资产负债表结构。

【能力】　掌握资产负债表的编制方法。

一、资产负债表的概念

资产负债表是反映本单位在某一特定日期（月末、季末、半年末和年末）的财务状况的会计报表，该表包括资产、负债、所有者权益三个静态会计要素，故称为静态会计报表。

二、资产负债表的编制方法

资产负债表的日期填列为报告期中某一天的日期，一般为月末、季末、半年末和年末最后一天。资产负债表内的数字主要是根据资产、负债和所有者权益三类项目中有关总分类账户及明细分类账户的期末余额填列。资产负债表各项目均需填列“年初余额”和“期末余额”两栏。其中“年初余额”栏内各项目的数字，应根据上年末资产负债表的“期末余额”栏内所列示的数字填列。“期末余额”栏内主要有以下几种填列方法：

（一）根据总账科目余额填列

1. 直接填列。资产负债表中的部分项目，可根据总账科目的期末余额直接填列。如：“交易性金融资产”、“短期借款”、“应付票据”等项目。

2. 合计填列。有些项目需要根据几个总账科目的期末余额计算填列。如：

“货币资金”项目包括“库存现金”、“银行存款”和“其他货币资金”。

“存货”项目包括“原材料”、“在途物资”、“生产成本”、“低值易耗品”、“包装物”和“库存商品”。

“未分配利润”项目，将“本年利润”总账的期末贷方余额减去“利润分配”总账的借方发生额。

“固定资产”项目是以“固定资产”总账余额减去“累计折旧”总账余额后的差额填列的。

（二）根据明细科目余额分析填列

1. 根据有关总账所属明细账的期末余额分析填列。如“应付账款、预付账款”和“应收账款、预收账款”四个项目。具体如下：

应收账款：根据应收账款、预收账款的所属明细账账户期末借方余额填列；

预付账款：根据预付账款、应付账款的所属明细账账户期末借方余额填列；

应付账款：根据应付账款、预付账款的所属明细账账户期末贷方余额填列；

预收账款：根据预收账款、应收账款的所属明细账账户期末贷方余额填列。

☆☆☆**需要注意的是**：“应收账款”项目的填列除了按照上述方法分析计算外，还应当考虑其备抵账户“坏账准备”科目的期末余额。

2. 根据总账科目和明细科目余额分析填列。如：“长期借款”项目是根据“长期借款”的期末余额减去即将在一年内到期的长期借款金额后填列，而一年内到期的长期借款，填列到“一年内到期的非流动负债”项目。

（三）资产负债表编制举例

【例 1】假设万科公司 2011 年 12 月 31 日全部总账科目和有关明细科目的余额，见表 9－1。

表 9－1　账户余额表

编制单位：万科公司　　2011 年 12 月 31 日　　单位：元

总账	明细账	借方余额	贷方余额	总账	明细账	借方余额	贷方余额
库存现金		500		无形资产		40 000	
银行存款		25 000		短期借款			86 000
交易性金融资产		18 000		应付账款			24 000
应收账款		23 000			C公司		20 000
	甲公司	10 000			D公司	4 000	
	乙公司		2 000		E公司		8 000
	丙公司	15 000		预收账款			8 000
预付账款		4 700			丁公司		9 000

续表9−1

总账	明细账	借方余额	贷方余额	总账	明细账	借方余额	贷方余额
	A公司	5 000			戊公司	1 000	
	B公司		300	其他应付款			12 000
其他应收款		5 000		应付职工薪			12 000
	李利	2 000			代扣款		34 000
	王华	4 000		应交税费			68 000
	郑明		1 000	应付股利			33 000
原材料		56 000		长期借款			60 000
生产成本		7 000		实收资本			280 000
库存商品		60 000		资本公积			13 000
长期投资		250 000		盈余公积			25 200
固定资产		420 000		利润分配			86 000
累计折旧			180 000		未分配利润		86 000

填写表中的有关项目时，应注意：

①表中“年初数”栏是根据上年末该“期末数”栏内有关数据直接填列。

②表中“期末数”栏是根据该公司 2011 年 12 月 31 日全部总账和有关明细账的余额填列。

根据上述资料，编制亿科公司 2011 年 12 月 31 日的资产负债表，见表 9−2。

表 9−2 资产负债表

编制单位：万科公司　　2011 年 12 月 31 日　　单位：元

资产	行次	年初数	期末数	负债和所有者权益	行次	年初数	期末数
流动资产：				流动负债：			
货币资金	1	26 000	25 500	短期借款	61	60 000	86 000
交易性金融资产	2	12 000	18 000	应付账款	62	32 000	28 300
应收款项	3	30 000	26 000	预收账款	63	10 000	11 000
预付账款	4	6 000	9 000	其他应付款	65	8 000	13 000
其他应收款	5	103 000	6 000	应付职工薪酬	66	37 000	34 000
存货	6	103 000	123 000	应交税费	71	60 000,	68 000
流动资产合计		180 000	207 500	应付股利	72	44 000	33 000
				流动负债合计	80	251 000	273 300
长期投资：							

续表9-2

资产	行次	年初数	期末数	负债和所有者权益	行次	年初数	期末数
长期股权投资	21	250 000	250 000	长期负债：			
	24			长期借款	81	66 000	60 000
固定资产：				长期负债合计	90	66 000	60 000
固定资产原价	31	400 000	420 000				
减：累计折旧	32	120 000	180 000	所有者权益：			
固定资产净值	33	280 000	240 000	实收资本	91	280 000	280 000
固定资产合计	34	280 000	240 000	资本公积		18 000	13 000
无形资产：	35			盈余公积	100	40 000	25 200
无形资产	38	3 000	40 000	未分配利润		58 000	86 000
长期待摊费用	40			所有者权益合计		396 000	404 200
非流动资产合计		533 000	533 000				
资产总计		713 000	737 500	负债及所有者权益合计		713 000	737 500

现将需分析计算填列的有关项目列示如下：

①货币资金＝“库存现金”账户期末借方余额＋“银行存款”账户期末借方余额＝500＋25 000＝25 500（元）

②应收账款＝“应收账款——甲公司”账户期末借方余额＋“应收账款——丙公司”账户期末借方余额＋“预收账款——戊公司”账户期末借方余额＝10 000＋15 000＋1 000＝26 000（元）

③预付账款＝“预付账款——A 公司”账户期末借方余额＋“应付账款——D 公司”账户期末借方余额＝5 000＋4 000＝9 000（元）

④应付账款＝“应付账款——C 公司”账户期末贷方余额＋“应付账款——E 公司”账户期末贷方余额＋“预付账款——B 公司”账户期末贷方余额＝20 000＋8 000＋300＝28 300（元）

⑤预收账款＝“预收账款——丁公司”账户期末贷方余额＋“应收账款——乙公司”账户期末贷方余额＝9 000＋2 000＝11 000（元）

⑥其他应付款＝“其他应付款——代扣款”账户期末贷方余额＋“其他应收款——郑明”账户期末贷方余额＝12 000＋1 000＝13 000（元）

⑦其他应收款＝“其他应收款——李利”账户期末借方余额＋“其他应收款——王华”账户期末借方余额＝2 000＋4 000＝6 000（元）

⑧未分配利润＝“利润分配”账户期末贷方余额＝86 000（元）

思考：货币资金包括哪些项目？

任务 9.3　编制利润表

【目标】 认识利润表的结构。

【能力】 掌握利润表的编制方法。

一、利润表的概念

利润表是反映企业在一定会计期间经营成果的报表。它是以“利润＝收入－费用”会计等式为依据，反映企业一定会计期间经营成果构成的会计报表。

二、利润表的结构

利润表的格式有单步式和多步式两种。按照我国《企业会计准则》的规定，我国企业的利润表采用多步式，见表 9-4。

第一步：计算营业利润。

营业利润＝营业收入－营业成本－营业税金及附加－销售费用－管理费用－财务费用－资产减值损失＋公允价值变动收益（－公允价值变动损失）＋投资收益（－投资损失）

第二步：计算利润总额（或亏损总额）。

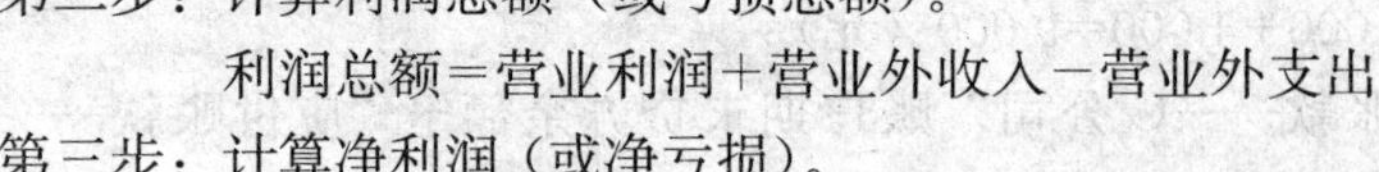
利润总额＝营业利润＋营业外收入－营业外支出

第三步：计算净利润（或净亏损）。

净利润＝利润总额－所得税费用

三、利润表的编制方法

（一）利润表“本期金额”栏的填列方法

1. 根据总账科目的发生额直接填列。利润表中的大部分项目，都可根据总账科目的本期发生额直接填列。如：营业税金及附加、销售费用、管理费用、财务费用、资产减值损失、营业外收入、营业外支出、所得税费用等。

2. 根据几个总账科目的发生额计算填列。如“营业收入”项目是根据“主营业务收入”和“其他业务收入”两个科目的本期贷方发生额相加填列；“营业成本”项目是根据“主营业务成本”和“其他业务成本”两个科目的本期借方发生额计算填列。

3. 根据科目借贷方发生额相抵后的净额分析填列。如“公允价值变动收益”和“投资收益”项目是根据“公允价值变动损益”和“投资收益”科目余额的方向分析填列。即如果是贷方余额，直接填列；如果是借方余额，实际上为损失，用“-”号填列。

（二）利润表“上期金额”栏的填列方法

利润表中“上期金额”栏，根据上期利润表的“本期金额”直接填列。

四、利润表的编制举例

【例 2】 以万科公司为例，该企业损益类账户发生额，见表 9-3。

表 9-3　损益类账户发生额

账户	借方发生额累计数	贷方发生额累计数
主营业务收入		510 500
主营业务成本	345 500	
营业税金及附加	4 000	
管理费用	7 000	
财务费用	2 000	
销售费用	2 000	
营业外收入		8 000
营业外支出	7 000	
所得税费用	49 830	

根据上述资料，编制利润表，见表 9-4。

表 9-4　利润表　会企 02 表

编制单位：万科公司　　　　2011 年 12 月　　　　单位：元

项目	行次	上年数	本年累计数
一、营业收入	1	495 000	510 500
减：营业成本	2	353 000	345 500
营业税金及附加	3	2 000	4 000
销售费用	4	3 000	2 000
管理费用	5	5 000	7 000
财务费用	6	2 000	2 000
加：投资净收益（净损失以“-”号填列）	7		

续表9-4

项目	行次	上年数	本年累计数
二、营业利润（亏损以“-”号填列）	8	130 000	150 000
加：营业外收入	9	9 600	8 000
减：营业外支出	10	5 600	7 000
其中：非流动资产处置净损失（净收益以“-”号填列）	11		
三、利润总额（亏损总额以“-”号填列）	12	134 000	151 000
减：所得税费用	13	44 220	49 830
四、净利润（净亏损以“-”号填列）	14	89 780	101 170

表中有关项目的计算如下：

营业利润＝营业收入－营业成本－营业税金及附加－销售费用－管理费用－财务费用＋投资净收益

＝510 500－345 500－4 000－7 000－2 000－2 000＋0＝150 000（元）

利润总额＝营业利润＋营业外收入－营业外支出＝150 000＋8 000－7 000＝151 000（元）

净利润＝利润总额－所得税费用＝151 000－49 830＝101 170（元）

思考：利润是怎样形成的？

项目 10 会计处理程序

【主要任务内容】

任务 10.1 会计核算程序预备知识
任务 10.2 记账凭证核算程序
任务 10.3 科目汇总表会计处理程序

【任务目标】

通过对项目 10 的学习和探索，正确认识会计核算程序的概念、意义及会计核算程序的原则，具体掌握各种会计核算程序的一般程序和优、缺点及适用范围。

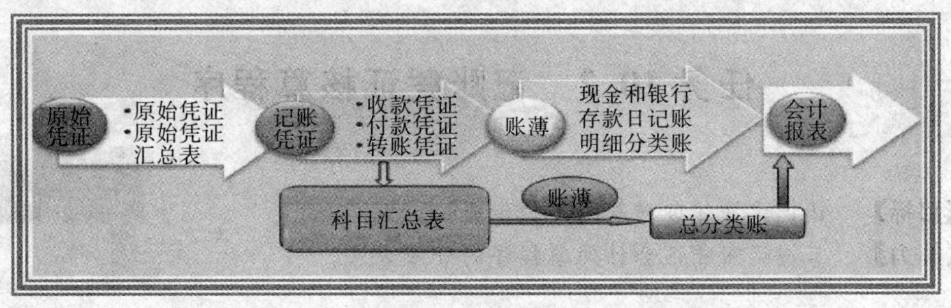

任务 10.1 会计核算程序预备知识

【目标】 认识会计核算程序的种类。
【能力】 掌握不同的会计核算程序的登账依据。

一、会计处理程序的概念

会计处理程序也称会计核算组织程序或会计核算形式，是一个会计主体采用的会计凭证、会计账簿、会计报表的种类和格式与记账程序有机结合的方法和步骤。

会计凭证、会计账簿、会计报表之间的结合方式不同，就形成了不同的账务处理程序，不同的账务处理程序又有不同的方法、特点和适用范围。

二、会计处理程序的种类

根据上述账务处理程序设计的基本要求，结合我国会计工作实际，在我国，常用的账务处理程序主要有：

（一）记账凭证账务处理程序；

（二）科目汇总表账务处理程序；

（三）汇总记账凭证账务处理程序。

上述三种财务处理程序的主要不同之处在于：登记总分类账的依据和程序不同，其他程序基本相同，包括编汇总原始凭证、记账凭证，登日记账、明细账，账账核对，编报表。

本书主要介绍记账凭证会计处理程序和科目汇总表会计处理程序。

思考：会计处理程序的不同主要取决于什么？

任务 10.2　记账凭证核算程序

记账凭证
核算程序

【目标】　认识记账凭证核算程序的步骤。

【能力】　掌握记账凭证会计处理程序的登账方法。

一、记账凭证会计处理程序的概念及特点

记账凭证账务处理程序是指对发生的交易或事项，都要根据原始凭证或原始凭证汇总表编制记账凭证，然后直接根据记账凭证逐笔登记总分类账的一种账务处理程序。其显著特点是：在会计核算中直接根据记账凭证逐笔登记总分类账。它是最基本的账务处理程序，其他各种账务处理程序都是在此基础上发展形成的。

二、记账凭证会计处理的程序

(一) 记账凭证账务处理程序的操作流程

记账凭证账务处理程序流程图，见表 10－1。

表 10－1

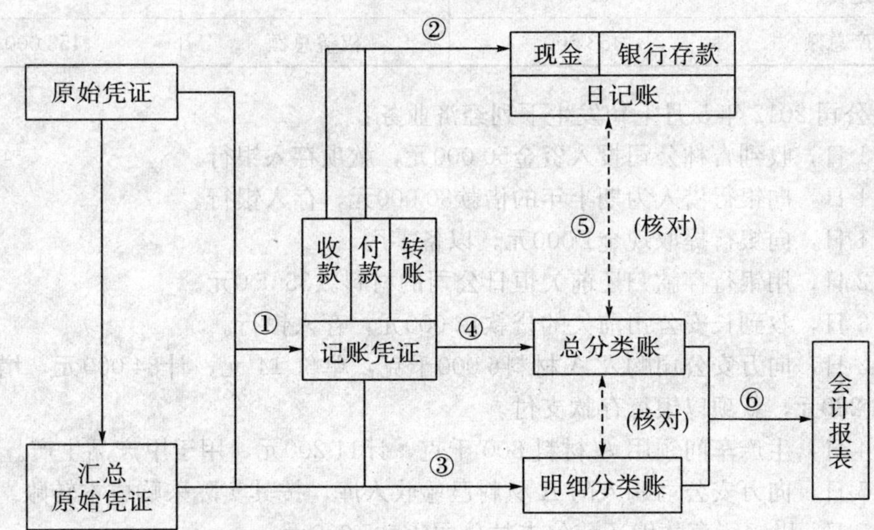

记账凭证账务处理程序的核算步骤如下：

1. 根据原始凭证或汇总原始凭证，编制记账凭证；
2. 根据收款凭证、付款凭证逐笔登记现金日记账和银行存款日记账；
3. 根据原始凭证、汇总原始凭证和记账凭证，登记各种明细分类账；
4. 根据记账凭证逐笔登记总分类账；
5. 期末，现金日记账、银行存款日记账和明细分类账的余额同有关总分类账的余额核对相符；
6. 期末，根据总分类账和明细分类账的记录，编制会计报表。

(二) 记账凭证账务处理程序案例

1. 汇总资料。

三星公司 2012 年 5 月 1 日总账与所属明细账余额，见表 10－2。

表 10－2　三星公司总账与明细账余额

资产	金额（元）	权益	金额（元）
库存现金	1 000	短期借款	70 000
银行存款	87 200	应付账款	50 000

续表10－2

资产	金额（元）	权益	金额（元）
应收账款	36 000	应交税费—应交所得税	33 000
原材料	28 000	实收资本	300 000
生产成本	42 800		
库存商品	58 000		
固定资产	200 000		
资产总额	453 000	权益总额	453 000

三星公司 2012 年 5 月上旬发生下列经济业务：

（1）1 日，收到吉林公司投入资金50 000元，款项存入银行。

（2）1 日，向银行借入为期半年的借款30 000元，存入银行。

（3）1 日，向银行提取现金1 000元，以备零用。

（4）2 日，用银行存款归还前欠恒日公司的材料款35 000元。

（5）3 日，收到长安公司前欠的贷款12 000元，存入银行。

（6）3 日，向万安公司购入 A 材料6 000千克，单价 14 元，计84 000元，增值税进项税额14 280元，款项以银行存款支付。

（7）4 日，生产车间领用 A 材料 800 千克，计11 200元，用于甲产品生产。

（8）5 日，向万安公司购入的 A 材料已验收入库，按其实际采购成本转账。

（9）5 日，以银行存款偿还前欠吉林公司货款5 000元。

（10）6 日，购买一台不需安装的设备，价值5 000元，款项以银行存款支付。

（11）7 日，向长安公司销售甲产品 260 件，每件售价 150 元，计39 000元，增值税销项税额6 630元，款项尚未支付。

（12）8 日，向三星公司购入 A 材料2 000千克，单价 14 元，计28 000元，增值税进项税额4 760元，款项以银行存款支付。

（13）9 日，收到长安公司前欠的货款39 000元，已存入银行。

（14）10 日，甲产品 100 件完工入库，每件单位成本 120 元，计12 000元。

（15）10 日，以银行存款缴纳企业所得税20 000元。

2. 根据原始凭证填制记账凭证。

根据 5 月上旬发生的经济业务编制记账凭证。为简化工作，例举业务 1，填制凭证如表 10－3，其他从略。

表10-3 收款凭证 收字第1号

借方科目：银行存款 2011年5月1日

摘要	贷方		金额										√
	总账科目	明细科目	千	百	十	万	千	百	十	元	角	分	
收到吉林公司投资	实收资本	吉林公司				5	0	0	0	0	0	0	
合计					¥	5	0	0	0	0	0	0	

附件单据1张

会计主管： 记账： 出纳：王英 复核： 制单：李越

3. 根据收款凭证、付款凭证逐笔登记现金日记账、银行存款日记账，见表10-4。

表10-4 现金日记账

2011年		凭证号数	摘要	对方账户	收入	支出	结余
月	日						
			期初余额				1 000
5	1	银付1	提现	银行存款	1 000		2 000

银行存款日记账

2011年		凭证 号数	摘要	对方账户	收入	支出	结余
月	日						
			期初余额				87 200
5	1	银收1	收到投入投资	实收资本	50 000		137 200
5	1	银收2	借入短期借款	短期借款	30 000		167 200
5	1	银付1	提现	库存现金		1 000	166 200
		……					

4. 根据记账凭证直接逐笔登记总分类账，列举应收账款科目总分类账，其他从略。见表10-5。

表10-5 账户名称：应收账款

2011年		凭证号数	摘要	借方	贷方	借或贷	余额
月	日						
			期初余额			借	36 000
5	3	银收3	收回应收款		12 000	借	24 000
5	7	转账3	销售产品，贷款暂欠	45 630		借	69 630
5	9	银收4	收回应收款		39 000	借	30 630

5. 根据记账凭证及所附的原始凭证，登记有关明细分类账。

6. 定期将现金日记账、银行存款日记账余额和各种明细分类账余额的合计数分别与总分类账中有关账户的余额相核对。

7. 编制总分类账本期发生额及期末余额试算平衡表，核对账户的余额是否平衡，见表10－6。

8. 月末，根据总账与明细账的记录编制财务会计报告。

表10－6 试算平衡表

单位：三星公司　　2011年5月10日　　金额：元

账户名称	期初余额		本期发生额		期末发生额	
	借方	贷方	借方	贷方	借方	贷方
库存现金	1 000		1 000		2 000	
银行存款	87 200		131 000	197 040	21 160	
应收账款	36 000		45 630	51 000	30 630	
材料采购			112 000	84 000	28 000	
原材料	28 000		84 000	11 200	100 800	
生产成本	42 800		11 200	12 000	42 000	
库存商品	58 000		12 000		70 000	
固定资产	200 000		5 000		205 000	
短期借款		70 000		30 000		100 000
应交税费		33 000	39 040	6 630		590
应付账款		50 000	40 000			10 000
实收资本		300 000		50 000		350 000
主营业务收入				39 000		39 000
合计	453 000	453 000	480 870	480 870	499 590	499 590

三、记账凭证会计处理的优缺点和适用性

优点：直接根据记账凭证登记总账，简单明了，易于理解，总分类账可以较详细地反映经济业务的发生情况。

缺点：登记总分类账的工作量较大。对于经济业务较多，经营规模较大的企业，总分类账的登记工作过于繁重。

适用范围：规模较小、经济业务量较少的单位。

思考：记账凭证程序是怎样的？

任务10.3 科目汇总表会计处理程序

【目标】 认识科目汇总表的会计处理程序的性质。
【能力】 掌握科目汇总表的会计处理程序的登账方法。

一、科目汇总表会计处理程序的概念及特点

科目汇总表账务处理程序是根据记账凭证定期编制科目汇总表，并据以登记总分类账的一种账务处理程序。特点是以科目汇总表作为登记总分类账的依据。

二、科目汇总表的编制

（一）科目汇总表的编制方法

1. 将汇总期内各项经济业务所涉及的会计科目填制在“会计科目”栏。为了便于登记总分类账，会计科目的排列顺序应与总分类账上的会计科目的顺序一致；

2. 根据汇总期内的全部记账凭证，按会计科目分别加总借方发生额和贷方发生额，并将其填列在相应会计科目行的“借方金额”和“贷方金额”栏；

3. 将汇总完毕的所有会计科目的借方和贷方发生额汇总，进行试算平衡。

（二）科目汇总表编制的时间

应根据经济业务量的多少而定，可选择3天、5天、10天、15天或1个月。

三、科目汇总表会计处理的程序

（一）科目汇总表会计处理程序的操作流程

科目汇总表会计处理程序的操作流程，如表10-7，其中：

1. 根据原始凭证、原始凭证汇总表编制记账凭证；

2. 根据收款凭证、付款凭证登记现金日记账和银行存款日记账；

表 10—7

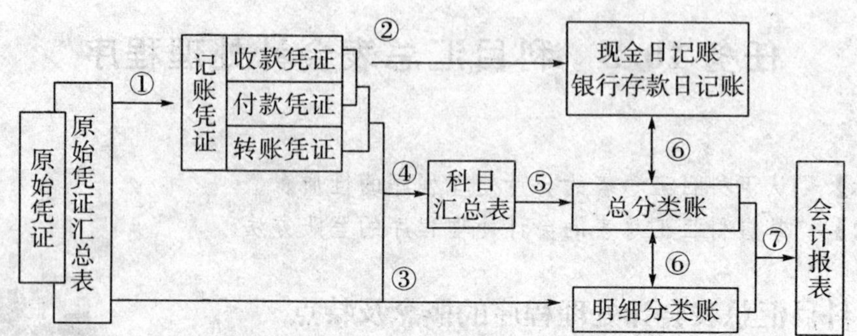

3. 根据原始凭证、原始凭证汇总表和各种记账凭证登记各种明细账；
4. 根据各种记账凭证汇总编制科目汇总表；
5. 根据科目汇总表登记总账；
6. 将现金日记账、银行存款日记账和各种明细账与总分类账进行核对；
7. 月终，根据总分类账和明细分类账编制会计报表。

（二）优缺点及适用范围

优点：可以简化总分类账的登记工作，减轻了登记总分类账的工作量，并可做到试算平衡，简明易懂，方便易学。

缺点：科目汇总表只反映各个会计科目的借方本期发生额和贷方本期发生额，不反映各个会计科目的对应关系，不便于查对账目。

适用范围：经济业务较多的单位。

（三）科目汇总表会计处理程序案例

1. 编制科目汇总表，现将科目汇总表的编制方法举例说明，见表 10—8。

表 10—8　科目汇总表

2011 年 1 月 1 日至 31 日　　　　科汇第 1 号

会计科目	1—10 日发生额		11—20 日发生额		21—31 日发生额		本月发生额		账页
	借方	贷方	借方	贷方	借方	贷方	借方	贷方	
库存现金		10 000		1 600	1 000		1 000	11 600	略
银行存款	100 000	32 000				6 000	100 000	38 000	…
其他应收款	10 000					10 000	10 000	10 000	…
原材料	32 000			8 000			32 000	8 000	…
库存商品						60 000		60 000	…
应交税费						9 120		9 120	…
本年利润					85 720	100 000	85 720	100 000	…

续表10－8

会计科目	1－10日发生额		11－20日发生额		21－31日发生额		本月发生额		账页
	借方	贷方	借方	贷方	借方	贷方	借方	贷方	
生产成本			8 000				8 000		…
主营业务收入		100 000			100 000		100 000	100 000	…
主营业务成本					60 000	60 000	60 000	60 000	…
营业税金及附加					3 000	3 000	3 000	3 000	…
销售费用			1 600			1 600	1 600	1 600	…
管理费用					11 400	11 400	11 400	11 400	…
财务费用					3 600	3 600	3 600	3 600	…
所得税费用					61 200	6 120	6 120	6 120	…
合计	142 000	142 000	9 600	9 600	270 840	270 840	422 440	422 440	…

第二，根据科目汇总表登记“库存现金”账户，其他账户从略。见表10－9。

表10－9 总分类账

会计科目：库存现金

2010年		凭证		摘要	借方	贷方	借或贷	余额
月	日	字	号					
3	1			月初余额			借	12 000
	10	科汇	1	1—10日发生额		10 000	借	2 000
	20	科汇	2	11—20日发生额	1 000		借	3 000
	31	科汇	3	21—31日发生额		1 600	借	1 400
	31			本月合计	1 000	11 600	借	1 400

思考：科目汇总表的编制步骤是怎样的？

主要参考文献

[1] 励丹. 基础会计 [M]. 上海：华东师范大学出版社，2007. 12.
[2] 陈用. 基础会计 [M]. 北京：现代教育出版社，2011. 11.
[3] 刘毅. 基础会计 [M]. 北京：中国传媒大学出版社，2010. 5.

附录 1 中华人民共和国会计法

（中华人民共和国主席令第 24 号）

（1985 年 1 月 21 日第六届全国人民代表大会常务委员会第九次会议通过，根据 1993 年 12 月 29 日第八届全国人民代表大会常务委员会第五次会议《关于修改〈中华人民共和国会计法〉的决定》修正，1999 年 10 月 31 日第九届全国人民代表大会常务委员会第十二次会议修订）

第一章　总则

第一条 为了规范会计行为，保证会计资料真实、完整，加强经济管理和财务 管理，提高经济效益，维护社会主义市场经济秩序，制定本法。

第二条 国家机关、社会团体、公司、企业、事业单位和其他组织（以下统称单位）必须依照本法办理会计事务。

第三条 各单位必须依法设置会计账簿，并保证其真实、完整。

第四条 单位负责人对本单位的会计工作和会计资料的真实性、完整性负责。

第五条 会计机构、会计人员依照本法规定进行会计核算，实行会计监督。

任何单位或者个人不得以任何方式授意、指使、强令会计机构、会计人员伪造、变造会计凭证、会计账簿和其他会计资料，提供虚假财务会计报告。任何单位或者个人不得对依法履行职责、抵制违反本法规定行为的会计人员实行打击报复。

第六条 对认真执行本法，忠于职守，坚持原则，做出显著成绩的会计人员，给予精神或者物质奖励。

第七条 国务院财政部门主管全国的会计工作。县级以上地方各级人民政府财政部门管理本行政区域内的会计工作。

第八条 国家实行统一的会计制度。国家统一的会计制度由国务院财政部门根据本法制定并公布。国务院有关部门可以依照本法和国家统一的会计制度制定对会计核算和会计监督有特殊要求的行业实施国家统一的会计制度的具体办法或者补充规定，报国务院财政部门审核批准。中国人民解放军总后勤部可以依照本法和国家统一的会计制度制

定军队实施国 家统一的会计制度的具体办法，报国务院财政部门备案。

第二章　会计核算

第九条 各单位必须根据实际发生的经济业务事项进行会计核算，填制会计凭证，登记会计账簿，编制财务会计报告。任何单位不得以虚假的经济业务事项或者资料进行会计核算。

第十条 下列经济业务事项，应当办理会计手续，进行会计核算：

（一）款项和有价证券的收付；

（二）财物的收发、增减和使用；

（三）债权债务的发生和结算；

（四）资本、基金的增减；

（五）收入、支出、费用、成本的计算；

（六）财务成果的计算和处理；

（七）需要办理会计手续、进行会计核算的其他事项。

第十一条 会计年度自公历 1 月 1 日起至 12 月 31 日止。

第十二条 会计核算以人民币为记账本位币。业务收支以人民币以外的货币为主的单位，可以选定其中一种货币作为记账本位币，但是编报的财务会计报告应当折算为人民币。

第十三条 会计凭证、会计账簿、财务会计报告和其他会计资料，必须符合国家统一的会计制度的规定。使用电子计算机进行会计核算的，其软件及其生成的会计凭证、会计账簿、财务会计报告和其他会计资料，也必须符合国家统一的会计制度的规定。任何单位和个人不得伪造、变造会计凭证、会计账簿及其他会计资料，不得提供虚假的财务会计报告。

第十四条 会计凭证包括原始凭证和记账凭证。办理本法第十条所列的经济业务事项，必须填制或者取得原始凭证并及时送交会计机构。会计机构、会计人员必须按照国家统一的会计制度的规定对原始凭证进行审核，对不真实、不合法的原始凭证有权不予接受，并向单位负责人报告；对记载不准确、不完整的原始凭证予以退回，并要求按照国家统一的会计制度的规定更正、补充。原始凭证记载的各项内容均不得涂改；原始凭证有错误的，应当由出具单位重开或者更正，更正处应当加盖出具单位印章。原始凭证金额有错误的，应当由出具单位重开，不得在原始凭证上更正。记账凭证应当根据经过审核的原始凭证及有关资料编制。

第十五条 会计账簿登记，必须以经过审核的会计凭证为依据，并符合有关法律、行政法规和国家统一的会计制度的规定。会计账簿包括总账、明细账、日记账和其他辅助性账簿。会计账簿应当按照连续编号的页码顺序登记。会计账簿记录发生错误或者隔页、缺号、跳行的，应当按照国家统一的会计制度规定的方法更正，并由会计人员和会计机构负责人（会计主管人员）在更正处盖章。使用电子计算机进行会计核算的，其会

计账簿的登记、更正，应当符合国家统一的会计制度的规定。

第十六条 各单位发生的各项经济业务事项应当在依法设置的会计账簿上统一登记、核算，不得违反本法和国家统一的会计制度的规定私设会计账簿登记、核算。

第十七条 各单位应当定期将会计账簿记录与实物、款项及有关资料相互核对，保证会计账簿记录与实物及款项的实有数额相符、会计账簿记录与会计凭证的有关内容相符、会计账簿之间相对应的记录相符、会计账簿记录与会计报表的有关内容相符。

第十八条 各单位采用的会计处理方法，前后各期应当一致，不得随意变更；确有必要变更的，应当按照国家统一的会计制度的规定变更，并将变更的原因、情况及影响在财务会计报告中说明。

第十九条 单位提供的担保、未决诉讼等或有事项，应当按照国家统一的会计制度的规定，在财务会计报告中予以说明。

第二十条 财务会计报告应当根据经过审核的会计账簿记录和有关资料编制，并符合本法和国家统一的会计制度关于财务会计报告的编制要求、提供对象和提供期限的规定；其他法律、行政法规另有规定的，从其规定。财务会计报告由会计报表、会计报表附注和财务情况说明书组成。向不同的会计资料使用者提供的财务会计报告，其编制依据应当一致。有关法律、行政法规规定会计报表、会计报表附注和财务情况说明书须经注册会计师审计的，注册会计师及其所在的会计师事务所出具的审计报告应当随同财务会计报告一并提供。

第二十一条 财务会计报告应当由单位负责人和主管会计工作的负责人、会计机构负责人（会计主管人员）签名并盖章；设置总会计师的单位，还须由总会计师签名并盖章。单位负责人应当保证财务会计报告真实、完整。

第二十二条 会计记录的文字应当使用中文。在民族自治地方，会计记录可以同时使用当地通用的一种民族文字。在中华人民共和国境内的外商投资企业、外国企业和其他外国组织的会计记录可以同时使用一种外国文字。

第二十三条 各单位对会计凭证、会计账簿、财务会计报告和其他会计资料应当建立档案，妥善保管。会计档案的保管期限和销毁办法，由国务院财政部门会同有关部门制定。

第三章　公司、企业会计核算的特别规定

第二十四条 公司、企业进行会计核算，除应当遵守本法第二章的规定外，还应当遵守本章规定。

第二十五条 公司、企业必须根据实际发生的经济业务事项，按照国家统一的会计制度的规定确认、计量和记录资产、负债、所有者权益、收入、费用、成本和利润。

第二十六条 公司、企业进行会计核算不得有下列行为：

（一）随意改变资产、负债、所有者权益的确认标准或者计量方法，虚列、多列、不列或者少列资产、负债、所有者权益；

（二）虚列或者隐瞒收入，推迟或者提前确认收入；

（三）随意改变费用、成本的确认标准或者计量方法，虚列、多列、不列或者少列费用、成本；

（四）随意调整利润的计算、分配方法，编造虚假利润或者隐瞒利润；

（五）违反国家统一的会计制度规定的其他行为。

第四章　会计监督

第二十七条 各单位应当建立、健全本单位内部会计监督制度。单位内部会计监督制度应当符合下列要求：

（一）记账人员与经济业务事项和会计事项的审批人员、经办人员、财物保管人员的职责权限应当明确，并相互分离、相互制约；

（二）重大对外投资、资产处置、资金调度和其他重要经济业务事项的决策和执行的相互监督、相互制约程序应当明确；

（三）财产清查的范围、期限和组织程序应当明确；

（四）对会计资料定期进行内部审计的办法和程序应当明确。

第二十八条 单位负责人应当保证会计机构、会计人员依法履行职责，不得授意、指使、强令会计机构、会计人员违法办理会计事项。会计机构、会计人员对违反本法和国家统一的会计制度规定的会计事项，有权拒绝办理或者按照职权予以纠正。

第二十九条 会计机构、会计人员发现会计账簿记录与实物、款项及有关资料不相符的，按照国家统一的会计制度的规定有权自行处理的，应当及时处理；无权处理的，应当立即向单位负责人报告，请求查明原因，作出处理。

第三十条 任何单位和个人对违反本法和国家统一的会计制度规定的行为，有权检举。收到检举的部门有权处理的，应当依法按照职责分工及时处理；无权处理的，应当及时移送有权处理的部门处理。收到检举的部门、负责处理的部门应当为检举人保密，不得将检举人姓名和检举材料转给被检举单位和被检举人个人。

第三十一条 有关法律、行政法规规定，须经注册会计师进行审计的单位，应当向受委托的会计师事务所如实提供会计凭证、会计账簿、财务会计报告和其他会计资料以及有关情况。任何单位或者个人不得以任何方式要求或者示意注册会计师及其所在的会计师 事务所出具不实或者不当的审计报告。财政部门有权对会计师事务所出具审计报告的程序和内容进行监督。

第三十二条 财政部门对各单位的下列情况实施监督：

（一）是否依法设置会计账簿；

（二）会计凭证、会计账簿、财务会计报告和其他会计资料是否真实、完整；

（三）会计核算是否符合本法和国家统一的会计制度的规定；

（四）从事会计工作的人员是否具备从业资格。

在对前款第（二）项所列事项实施监督，发现重大违法嫌疑时，国务院财政部门及

其派出机构可以向与被监督单位有经济业务往来的单位和被监督单位开立账户的金融机构查询有关情况，有关单位和金融机构应当给予支持。

第三十三条 财政、审计、税务、人民银行、证券监管、保险监管等部门应当依照有关法律、行政法规规定的职责，对有关单位的会计资料实施监督检查。前款所列监督检查部门对有关单位的会计资料依法实施监督检查后，应当出具检查结论。有关监督检查部门已经作出的检查结论能够满足其他监督检查部门履行本部门职责需要的，其他监督检查部门应当加以利用，避免重复查账。

第三十四条 依法对有关单位的会计资料实施监督检查的部门及其工作人员对在监督检查中知悉的国家秘密和商业秘密负有保密义务。

第三十五条 各单位必须依照有关法律、行政法规的规定，接受有关监督检查部门依法实施的监督检查，如实提供会计凭证、会计账簿、财务会计报告和其他会计资料以及有关情况，不得拒绝、隐匿、谎报。

第五章 会计机构和会计人员

第三十六条 各单位应当根据会计业务的需要，设置会计机构，或者在有关机构中设置会计人员并指定会计主管人员；不具备设置条件的，应当委托经批准设立从事会计代理记账业务的中介机构代理记账。国有的和国有资产占控股地位或者主导地位的大、中型企业必须设置总会计师。总会计师的任职资格、任免程序、职责权限由国务院规定．

第三十七条 会计机构内部应当建立稽核制度。出纳人员不得兼任稽核、会计档案保管和收入、支出、费用、债权债务账目的登记工作。

第三十八条 从事会计工作的人员，必须取得会计从业资格证书。担任单位会计机构负责人（会计主管人员）的，除取得会计从业资格证书外，还应当具备会计师以上专业技术职务资格或者从事会计工作三年以上经历。会计人员从业资格管理办法由国务院财政部门规定。

第三十九条 会计人员应当遵守职业道德，提高业务素质。对会计人员的教育和培训工作应当加强。

第四十条 因有提供虚假财务会计报告，做假账，隐匿或者故意销毁会计凭证、会计账簿、财务会计报告，贪污，挪用公款，职务侵占等与会计职务有关的违法行为被依法追究刑事责任的人员，不得取得或者重新取得会计从业资格证书。除前款规定的人员外，因违法违纪行为被吊销会计从业资格证书的人员，自被吊销会计从业资格证书之日起五年内，不得重新取得会计从业资格证书。

第四十一条 会计人员调动工作或者离职，必须与接管人员办清交接手续。一般会计人员办理交接手续，由会计机构负责人（会计主管人员）监交；会计机构负责人（会计主管人员）办理交接手续，由单位负责人监交，必要时主管单位可以派人会同监交。

第六章 法律责任

第四十二条 违反本法规定，有下列行为之一的，由县级以上人民政府财政部门责令限期改正，可以对单位并处三千元以上五万元以下的罚款；对其直接负责的主管人员和其他直接责任人员，可以处二千元以上二万元以下的罚款；属于国家工作人员的，还应当由其所在单位或者有关单位依法给予行政处分：

（一）不依法设置会计账簿的；

（二）私设会计账簿的；

（三）未按照规定填制、取得原始凭证或者填制、取得的原始凭证不符合规定的；

（四）以未经审核的会计凭证为依据登记会计账簿或者登记会计账簿不符合规定的；

（五）随意变更会计处理方法的；

（六）向不同的会计资料使用者提供的财务会计报告编制依据不一致的；

（七）未按照规定使用会计记录文字或者记账本位币的；

（八）未按照规定保管会计资料，致使会计资料毁损、灭失的；

（九）未按照规定建立并实施单位内部会计监督制度或者拒绝依法实施的监督或者不如实提供有关会计资料及有关情况的；

（十）任用会计人员不符合本法规定的。

有前款所列行为之一，构成犯罪的，依法追究刑事责任。

会计人员有第（一）款所列行为之一，情节严重的，由县级以上人民政府财政部门吊销会计从业资格证书。有关法律对第（一）款所列行为的处罚另有规定的，依照有关法律的规定办理。

第四十三条 伪造、变造会计凭证、会计账簿，编制虚假财务会计报告，构成犯罪的，依法追究刑事责任。有前款行为，尚不构成犯罪的，由县级以上人民政府财政部门予以通报，可以对单位并处五千元以上十万元以下的罚款；对其直接负责的主管人员和其他直接责任人员，可以处三千元以上五万元以下的罚款；属于国家工作人员的，还应当由其所在单位或者有关单位依法给予撤职直至开除的行政处分；对其中的会计人员，并由县级以上人民政府财政部门吊销会计从业资格证书。

第四十四条 隐匿或者故意销毁依法应当保存的会计凭证、会计账簿、财务会计报告，构成犯罪的，依法追究刑事责任。有前款行为，尚不构成犯罪的，由县级以上人民政府财政部门予以通报，可以对单位并处五千元以上十万元以下的罚款；对其直接负责的主管人员和其他直接责任人员，可以处三千元以上五万元以下的罚款；属于国家工作人员的，还应当由其所在单位或者有关单位依法给予撤职直至开除的行政处分；对其中的会计人员，并由县级以上人民政府财政部门吊销会计从业资格证书。

第四十五条 授意、指使、强令会计机构、会计人员及其他人员伪造、变造会计凭证、会计账簿，编制虚假财务会计报告或者隐匿、故意销毁依法应当保存的会计凭证、会计账簿、财务会计报告，构成犯罪的，依法追究刑事责任；尚不构成犯罪的，可以处

五千元以上五万元以下的罚款；属于国家工作人员的，还应当由其所在单位或者有关单位依法给予降级、撤职、开除的行政处分。

第四十六条 单位负责人对依法履行职责、抵制违反本法规定行为的会计人员以降级、撤职、调离工作岗位、解聘或者开除等方式实行打击报复，构成犯罪的，依法追究刑事责任；尚不构成犯罪的，由其所在单位或者有关单位依法给予行政处分。对受打击报复的会计人员，应当恢复其名誉和原有职务、级别。

第四十七条 财政部门及有关行政部门的工作人员在实施监督管理中滥用职权、玩忽职守、徇私舞弊或者泄露国家秘密、商业秘密，构成犯罪的，依法追究刑事责任；尚不构成犯罪的，依法给予行政处分。

第四十八条 违反本法第三十条规定，将检举人姓名和检举材料转给被检举单位和被检举人个人的，由所在单位或者有关单位依法给予行政处分。

第四十九条 违反本法规定，同时违反其他法律规定的，由有关部门在各自职权范围内依法进行处罚。

第七章　附则

第五十条 本法下列用语的含义：单位负责人，是指单位法定代表人或者法律、行政法规规定代表单位行使职权的主要负责人。国家统一的会计制度，是指国务院财政部门根据本法制定的关于会计核算、会计监督、会计机构和会计人员以及会计工作管理的制度。

第五十一条 个体工商户会计管理的具体办法，由国务院财政部门根据本法的原则另行规定。

第五十二条 本法自 2000 年 7 月 1 日起施行。

附录2 会计基础工作规范

（财政部 财会字［1996］19号）

第一章 总则

第一条 为了加强会计基础工作，建立规范的会计工作秩序，提高会计工作水平，根据《中华人民共和国会计法》的有关规定，制定本规范。

第二条 国家机关、社会团体、企业、事业单位、个体工商户和其他组织的会计基础工作，应当符合本规范的规定。

第三条 各单位应当依据有关法律、法规和本规范的规定，加强会计基础工作，严格执行会计法规制度，保证会计工作依法有序地进行。

第四条 单位领导人对本单位的会计基础工作负有领导责任。

第五条 各省，自治区、直辖市财政厅（局）要加强对会计基础工作的管理和指导，通过政策引导、经验交流、监督检查等措施，促进基层单位加强会计基础工作，不断提高会计工作水平。

国务院各业务主管部门根据职责权限管理本部门的会计基础工作。

第二章 会计机构和会计人员

第一节 会计机构设置和会计人员配备

第六条 各单位应当根据会计业务的需要设置会计机构；不具备单独设置会计机构条件的，应当在有关机构中配人员。

事业行政单位会计机构的设置和会计人员的配备，应当符合国家统一事业行政单位会计制度的规定。

设置会计机构，应当配备会计机构负责人；在有关机构中配备专职会计人员，应当在专职会计人员中指定会计主管人员。

会计机构负责人、会计主管人员的任免，应当符合《中华人民共和国会计法》和有关法律的规定。

第七条 会计机构负责人、会计主管人员应当具备下列基本条件：

（一）坚持原则，廉洁奉公；

（二）具有会计专业技术资格；

（三）主管一个单位或者单位内一个重要方面的财务会计工作时间不少于2年；

（四）熟悉国家财经法律、法规、规章和方针、政策，掌握本行业业务管理的有关知识；

（五）有较强的组织能力；

（六）身体状况能够适应本职工作的要求。

第八条 没有设置会计机构和配备会计人员的单位，应当根据《代理记账管理暂行办法》委托会计师事务所或者持有代理记账许可证书的其他代理记账机构进行代理记账。

第九条 大、中型企业、事业单位、业务主管部门应当根据法律和国家有关规定设置总会计师。总会计师由具有会计师以上专业技术资格的人员担任。

总会计师行使《总会计师条例》规定的职责、权限。

总会计师的任命（聘任）、免职（解聘）依照《总会计师条例》和有关法律的规定办理。

第十条 各单位应当根据会计业务需要配备持有会计证的会计人员。未取得会计证的人员，不得从事会计工作。

第十一条 各单位应当根据会计业务需要设置会计工作岗位。

会计工作岗位一般可分为：会计机构负责人或者会计主管人员，出纳，财产物资核算，工资核算，成本费用核算，财务成果核算，资金核算，往来结算，总账报表，稽核，档案管理等。开展会计电算化和管理会计的单位，可以根据需要设置相应工作岗位，也可以与其他工作岗位相结合。

第十二条 会计工作岗位，可以一人一岗、一人多岗或者一岗多人。但出纳人员不得兼管稽核、会计档案保管和收入、费用、债权债务账目的登记工作。

第十三条 会计人员的工作岗位应当有计划地进行轮换。

第十四条 会计人员应当具备必要的专业知识和专业技能，熟悉国家有关法律、法规，规章和国家统一会计制度，遵守职业道德。

会计人员应当按照国家有关规定参加会计业务的培训。各单位应当合理安排会计人员的培训，保证会计人员每年有一定时间用于学习和参加培训。

第十五条 各单位领导人应当支持会计机构、会计人员依法行使职权。对忠于职守，坚持原则，做出显著成绩的会计机构、会计人员，应当给予精神和物质奖励。

第十六条 国家机关、国有企业、事业单位任用会计人员应当实行回避制度。

单位领导人的直系亲属不得担任本单位的会计机构负责人、会计主管人员。会计机构负责人，会计主管人员的直系亲属不得在本单位会计机构中担任出纳工作。

需要回避的直系亲属为：夫妻关系、直系血亲关系、三代以内旁系血亲以及配偶亲关系。

第二节 会计人员职业道德

第十七条 会计人员在会计工作中应当遵守职业道德，树立良好的职业品质、严谨的工作作风，严守工作纪律，努力提高工作效率和工作质量。

第十八条 会计人员应当热爱本职工作，努力钻研业务，使自己的知识和技能适应所从事工作的要求。

第十九条 会计人员应当熟悉财经法律、法规、规章和国家统一会计制度，并结合会计工作进行广泛宣传。

第二十条 会计人员应当按照会计法律、法规和国家统一会计制度规定的程序和要求进行会计工作，保证所提供的会计信息合法、真实、准确、及时、完整。

第二十一条 会计人员办理会计事务应当实事求是、客观公正。

第二十二条 会计人员应当熟悉本单位的生产经营和业务管理情况，运用掌握的会计信息和会计方法，为改善单位内部管理、提高经济效益服务。

第二十三条 会计人员应当保守本单位的商业秘密。除法律规定和单位领导人同意外，不能私自向外界提供或者泄露单位的会计信息。

第二十四条 财政部门、业务主管部门和各单位应当定期检查会计人员遵守职业道德的情况，并作为会计人员晋升、晋级、聘任专业职务、表彰奖励的重要考核依据。

会计人员违反职业道德的，由所在单位进行处罚；情节严重的，由会计证发证机关吊销其会计证。

第三节 会计工作交接

第二十五条 会计人员工作调动或者因故离职，必须将本人所经管的会计工作全部移交给接替人员。没有办清交接手续的，不得调动或者离职。

第二十六条 接替人员应当认真接管移交工作，并继续办理移交的未了事项。

第二十七条 会计人员办理移交手续前，必须及时做好以下工作：

（一）已经受理的经济业务尚未填制会计凭证的，应当填制完毕；

（二）尚未登记的账目，应当登记完毕，并在最后一笔余额后加盖经办人员印章；

（三）整理应该移交的各项资料，对未了事项写出书面材料；

（四）编制移交清册，列明应当移交的会计凭证、会计账簿、会计报表、印章、现金、有价证券、支票簿、发票、文件、其他会计资料和物品等内容。实行会计电算化的单位，从事该项工作的移交人员还应当在移交清册中列明会计软件及密码、会计软件数据磁盘（磁带等）及有关资料、实物等内容。

第二十八条 会计人员办理交接手续，必须有监交人负责监交。一般会计人员交接，

由单位会计机构负责人、会计主管人员负责监交；会计机构负责人、会计主管人员交接，由单位领导人负责监交，必要时可由上级主管部门派人会同监交。

第二十九条 移交人员在办理移交时，要按移交清册逐项移交，接替人员要逐项核对点收。

（一）现金、有价证券要根据会计账簿有关记录进行点交。库存现金、有价证券必须与会计账簿记录保持一致。不一致时，移交人员必须限期查清；

（二）会计凭证、会计账簿、会计报表和其他会计资料必须完整无缺。如有短缺，必须查清原因，并在移交清册中注明，由移交人员负责；

（三）银行存款账户余额要与银行对账单核对，如不一致，应当编制银行存款余额调节表调节相符，各种财产物资和债权债务的明细账户余额要与总账有关账户余额核对相符。必要时，要抽查个别账户的余额，与实物核对相符，或者与往来单位、个人核对清楚；

（四）移交人员经管的票据、印章和其他实物等，必须交接清楚。移交人员从事会计电算化工作的，要对有关电子数据在实际操作状态下进行交接。

第三十条 会计机构负责人、会计主管人员移交时，还必须将全部财务会计工作、重大财务收支和会计人员的情况等，向接替人员详细介绍。对需要移交的遗留问题，应当写出书面材料。

第三十一条 交接完毕后，交接双方和监交人员要在移交注册上签名或者盖章，并应在移交注册上注明：单位名称，交接日期，交接双方和监交人员的职务、姓名，移交清册页数以及需要说明的问题和意见等。

移交清册一般应当填制一式三份，交接双方各执一份，存档一份。

第三十二条 接替人员应当继续使用移交的会计账簿，不得自行另立新账，以保持会计记录的连续性。

第三十三条 会计人员临时离职或者因病不能工作且需要接替或者代理的，会计机构负责人、会计主管人员或者单位领导人必须指定有关人员接替或者代理，并办理交接手续。

临时离职或者因病不能工作的会计人员恢复工作的，应当与接替或者代理人员办理交接手续。

移交人员因病或者其他特殊原因不能亲自办理移交的，经单位领导人批准，可由移交人员委托他人代办移交，但委托人应当承担本规范第三十五条规定的责任。

第三十四条 单位撤销时，必须留有必要的会计人员，会同有关人员办理清理工作，编制决算。未移交前，不得离职。接收单位和移交日期由主管部门确定。

单位合并、分立的，其会计工作交接手续比照上述有关规定办理。

第三十五条 移交人员对所移交的会计凭证、会计账簿、会计报表和其他有关资料的合法性、真实性承担法律责任。

第三章　会计核算

第一节　会计核算一般要求

第三十六条 各单位应当按照《中华人民共和国会计法》和国家统一会计制度的规定建立会计账册，进行会计核算，及时提供合法、真实、准确、完整的会计信息。

第三十七条 各单位发生的下列事项，应当及时办理会计手续、进行会计核算：

（一）款项和有价证券的收付；

（二）财物的收发、增减和使用；

（三）债权债务的发生和结算；

（四）资本、基金的增减；

（五）收入、支出、费用、成本的计算；

（六）财务成果的计算和处理；

（七）其他需要办理会计手续、进行会计核算的事项。

第三十八条 各单位的会计核算应当以实际发生的经济业务为依据，按照规定的会计处理方法进行，保证会计指标的口径一致、相互可比和会计处理方法的前后各期相一致。

第三十九条 会计年度自公历1月1日起至12月31日止。

第四十条 会计核算以人民币为记账本位币。

收支业务以外国货币为主的单位，也可以选定某种外国货币作为记账本位市，但是编制的会计报表应当折算为人民币反映。

境外单位向国内有关部门编报的会计报表，应当折算为人民币反映。

第四十一条 各单位根据国家统一会计制度的要求，在不影响会计核算要求、会计报表指标汇总和对外统一会计报表的前提下，可以根据实际情况自行设置和使用会计科目。

事业、行政单位会计科目的设置和使用，应当符合国家统一事业行政单位会计制度的规定。

第四十二条 会计凭证、会计账簿、会计报表和其他会计资料的内容和要求必须符合国家统一会计制度的规定，不得伪造、变造会计凭证和会计账簿，不得设置账外账，不得报送虚假会计报表。

第四十三条 各单位对外报送的会计报表格式由财政部统一规定。

第四十四条 实行会计电算化的单位，对使用的会计软件及其生成的会计凭证、会计账簿。会计报表和其他会计资料的要求，应当符合财政部关于会计电算化的有关规定。

第四十五条 各单位的会计凭证、会计账簿、会计报表和其他会计资料，应当建立

档案，妥善保管。会计档案建档要求、保管期限、销毁办法等依据《会计档案管理办法》的规定进行。

实行会计电算化的单位，有关电子数据、会计软件资料等应当作为会计档案进行管理。

第四十六条 会计记录的文字应当使用中文，少数民族自治地区可以同时使用少数民族文字。中国境内的外商投资企业、外国企业和其他外国经济组织也可以同时使用某种外国文字。

第二节 填制会计凭证

第四十七条 各单位办理本规范第三十七条规定的事项，必须取得或者填制原始凭证，并及时送交会计机构。

第四十八条 原始凭证的基本要求是：

（一）原始凭证的内容必须具备：凭证的名称；填制凭证的日期；填制凭证单位名称或者填制人姓名；经办人员的签名或者盖章；接受凭证单位名称；经济业务内容；数量、单价和金额。

（二）从外单位取得的原始凭证，必须盖有填制单位的公章；从个人取得的原始凭证，必须有填制人员的签名或者盖章。自制原始凭证必须有经办单位领导人或者其指定的人员签名或者盖章。对外开出的原始凭证，必须加盖本单位公章。

（三）凡填有大写和小写金额的原始凭证，大写与小写金额必须相符。购买实物的原始凭证，必须有验收证明。支付款项的原始凭证。必须有收款单位和收款人的收款证明。

（四）一式几联的原始凭证，应当注明各联的用途，只能以一联作为报销凭证。一式几联的发票和收据，必须用双面复写纸（发票和收据本身具备复写纸功能的除外）套写，并连续编号。作废时应当加盖“作废”戳记，连同存根一起保存，不得撕毁。

（五）发生销货退回的，除填制退货发票外，还必须有退货验收证明；退款时，必须取得对方的收款收据或者汇款银行的凭证，不得以退货发票代替收据。

（六）职工公出借款凭据，必须附在记账凭证之后。收回借款时，应当另开收据或者退还借据副本，不得退还原借款收据。

（七）经上级有关部门批准的经济业务，应当将批准文件作为原始凭证附件：如果批准文件需要单独归档的，应当在凭证上注明批准机关名称、日期和文件字号。

第四十九条 原始凭证不得涂改、挖补。发现原始凭证有错误的，应当由开出单位重开或者更正，更正处应当加盖开出单位的公章。

第五十条 会计机构、会计人员要根据审核无误的原始凭证填制记账凭证。

记账凭证可以分为收款凭证、付款凭证和转账凭证，也可以使用通用记账凭证。

第五十一条 记账凭证的基本要求是：

（一）记账凭证的内容必须具备：填制凭证的日期；凭证编号；经济业务摘要；会计科目；金额；所附原始凭证张数；填制凭证人员、稽核人员、记账人员、会计机构负责人、会计主管人员签名或者盖章。收款和付款记账凭证还应当由出纳人员签名或者盖章。

以自制的原始凭证或者原始凭证汇总表代替记账凭证的，也必须具备记账凭证应有的项目。

（二）填制记账凭证时，应当对记账凭证进行连续编号。一笔经济业务需要填制两张以上记账凭证的，可以采用分数编号法编号。

（三）记账凭证可以根据每一张原始凭证填制，或者根据若干张同类原始凭证汇总填制，也可以根据原始凭证汇总表填制。但不得将不同内容和类别的原始凭证汇总填制在一张记账凭证上。

（四）除结账和更正错误的记账凭证可以不附原始凭证外，其他记账凭证必须附有原始凭证。如果一张原始凭证涉及几张记账凭证，可以把原始凭证附在一张主要的记账凭证后面，并在其他记账凭证上注明附有该原始凭证的记账凭证的编号或者附原始凭证复印机。

一张复始凭证所列支出需要几个单位共同负担的，应当将其他单位负担的部分，开给对方原始凭证分割单，进行结算。原始凭证分割单必须具备原始凭证的基本内容：凭证名称、填制凭证日期、填制凭证单位名称或者填制人姓名、经办人的签名或者盖章、接受凭证单位名称、经济业务内容、数量、单价、金额和费用分摊情况等。

（五）如果在填制记账凭证时发生错误，应当重新填制。

已经登记入账的记账凭证，在当年内发现填写错误时，可以用红字填写一张与原内容相同的记账凭证，在摘要栏注明“注销某月某日某号凭证”字样，同时再用蓝字重新填制一张正确的记账凭证，注明“订正某月某日某号凭证”字样。如果会计科目没有错误，只是金额错误，也可以将正确数字与错误数字之间的差额，另编一张调整的记账凭证，调增金额用蓝字，调减金额用红字。发现以前年度记账凭证有错误的，应当用蓝字填制一张更正的记账凭证。

（六）记账凭证填制完经济业务事项后，如有空行，应当自金额栏最后一笔金额数字下的空行处至合计数上的空行处划线注销。

第五十二条 填制会计凭证，字迹必须清晰、工整，并符合下列要求：

（一）阿拉伯数字应当一个一个地写，不得连笔写。阿拉伯金额数字前面应当书写货币市种符号或者货币名称简写和市种符号。币种符号与阿拉伯金额数字之间不得留有空白。凡阿拉伯数字前写有市种符号的，数字后面不再写货币单位。

（二）所有以元为单位（其他货币种类为货币基本单位，下同）的阿拉伯数字，除表示单价等情况外，一律填写到角分；元角分的，角位和分位可写“00”，或者符号“—”；有角无分的，分位应当写“0”，不得用符号“—”代替。

（三）汉字大写数字金额如零、壹、贰、叁、肆、伍、陆、柒、捌、玖、拾、佰、仟、万、亿等，一律用正楷或者行书体书写，不得用0、一、二、三、四、五、六、七、八、九、十等简化字代替，不得任意自造简化字。大写金额数字到元或者角为止的，在“元”或者“角”字之后应当写“整”字或者“正”字；大写金额数字有分的，分字后面不写“整”或者“正”字。

（四）大写金额数字前未印有货币名称的，应当加填货币名称，货币名称与金额数字之间不得留有空白。

（五）阿拉伯金额数字中间有“0”时，汉字大写金额要写“零”字；阿拉伯数字金额中间连续有几个“0”时，汉字大写金额中可以只写一个“零”字；阿拉伯金额数字元位是“0”，或者数字中间连续有几个“0”、元位也是“0”但角位不是“0”时，汉字大写金额可以只写一个“零”字，也可以不写“零”字。

第五十三条 实行会计电算化的单位，对于机制记账凭证，要认真审核，做到会计科目使用正确，数字准确无误。打印出的机制记账凭证要加盖制单人员、审核人员、记账人员及会计机构负责人、会计主管人员印章或者签字。

第五十四条 各单位会计凭证的传递程序应当科学、合理，具体办法由各单位根据会计业务需要自行规定。

第五十五条 会计机构、会计人员要妥善保管会计凭证。

（一）会计凭证应当及时传递，不得积压。

（二）会计凭证登记完毕后，应当按照分类和编号顺序保管，不得散乱丢失。

（三）记账凭证应当连同所附的原始凭证或者原始凭证汇总表，按照编号顺序，折叠整齐，按期装订成册，并加具封面，注明单位名称、年度、月份和起讫日期、凭证种类、起讫号码，由装订人在装订线封签外签名或者盖章。

对于数量过多的原始凭证，可以单独装订保管，在封面上注明记账凭证日期、编号、种类，同时在记账凭证上注明“附件另订”和原始凭证名称及编号。

各种经济合同、存出保证金收据以及涉外文件等重要原始凭证，应当另编目录，单独登记保管，并在有关的记账凭证和原始凭证上相互注明日期和编号。

（四）原始凭证不得外借，其他单位如因特殊原因需要使用原始凭证时，经本单位会计机构负责人、会计主管人员批准，可以复制。向外单位提供的原始凭证复制件，应当在专设的登记簿上登记，并由提供人员和收取人员共同签名或者盖章。

（五）从外单位取得的原始凭证如有遗失，应当取得原开出单位盖有公章的证明，并注明原来凭证的号码、金额和内容等，由经办单位会计机构负责人、会计主管人员和单位领导人批准后，才能代作原始凭证。如果确实无法取得证明的，如火车、轮船、飞机票等凭证，由当事人写出详细情况，由经办单位会计机构负责人、会计主管人员和单位领导人批准后，代作原始凭证。

第三节 登记会计账簿

第五十六条 各单位应当按照国家统一会计制度的规定和会计业务的需要设置会计账簿。会计账簿包括总账、明细账、日记账和其他辅助性账簿。

第五十七条 现金日记账和银行存款日记账必须采用订本式账簿。不得用银行对账单或者其他方法代替日记账。

第五十八条 实行会计电算化的单位，用计算机打印的会计账簿必须连续编号，经审核无误后装订成册，并由记账人员和会计机构负责人、会计主管人员签字或者盖章。

第五十九条 启用会计账簿时，应当在账簿封面上写明单位名称和账簿名称。在账簿扉页上应当附启用表，内容包括：启用日期、账簿页数、记账人员和会计机构负责人、会计主管人员姓名，并加盖名章和单位公章。记账人员或者会计机构负责人、会计主管人员调动工作时，应当注明交接日期、接办人员或者监交人员姓名，并由交接双方人员签名或者盖章。

启用订本式账簿，应当从第一页到最后一页顺序编定页数，不得跳页、缺号。使用活页式账页，应当按账户顺序编号，并须定期装订成册。装订后再接实际使用的账页顺序编定页码。另加目录，记明每个账户的名称和页次。

第六十条 会计人员应当根据审核无误的会计凭证登记会计账簿。登记账簿的基本要求是：

（一）登记会计账簿时，应当将会计凭证日期、编号、业务内容摘要、金额和其他有关资料逐项记入账内；做到数字准确、摘要清楚、登记及时、字迹工整。

（二）登记完毕后，要在记账凭证上签名或者盖章，并注明已经登账的符号，表示已经记账。

（三）账簿中书写的文字和数字上面要留有适当空格，不要写满格；一般应占格距的二分之一。

（四）登记账簿要用蓝黑墨水或者碳素墨水书写，不得使用圆珠笔（银行的复写账簿除外）或者铅笔书写。

（五）下列情况，可以用红色墨水记账：

1. 按照红字冲账的记账凭证，冲销错误记录；

2. 在不设借贷等栏的多栏式账页中，登记减少数；

3. 在三栏式账户的余额栏前，如未印明余额方面的，在余额栏内登记负数余额；

4. 根据国家统一会计制度的规定可以用红字登记的其他会计记录。

（六）各种账簿按页次顺序连续登记，不得跳行、隔页。如果发生跳行、隔页，应当将空行、空页划线注销，或者注明“此行空白”、“此页空白”字样，并由记账人员签名或者盖章。

（七）凡需要结出余额的账户，结出余额后。应当在“借或贷”等栏内写明“借”或者“贷”等字样。没有余额的账户，应当在“借或贷”等栏内写“平”字，并在余额栏内用“Q”表示。

现金日记账和银行存款日记账必须逐日结出余额。

（八）每一账页登记完毕结转下页时，应当结出本页合计数及余额，写在本页最后一行和下页第一行有关栏内，并在摘要栏内注明“过次页”和“承前页”字样；也可以将本页合计数及金额只写在下页第一行有关栏内，并在摘要栏内注明“承前页”字样。

对需要结计本月发生额的账户，结计“过次页”的本页合计数应当为自本月初起至本页未止的发生额合计数；对需要结计本年累计发生额的账户，结计“过次页”的本页合计数应当为自年初起至本页未止的累计数；对既不需要结计本月发生额也不需要结计本年累计发生额的账户，可以只将每页未的余额结转次页。

第六十一条 实行会计电算化的单位，总账和明细账应当定期打印。

发生收款和付款业务的，在输入收款凭证和付款凭证的当天必须打印出现金日记账和银行存款日记账，并与库存现金核对无误。

第六十二条 账簿记录发生错误，不准涂改、挖补、刮擦或者用药水消除字迹，不准重新抄写，必须按照下列方法进行更正：

（一）登记账簿时发生错误，应当将错误的文字或者数字划红线注销，但必须使原有字迹仍可辨认；然后在划线上方填写正确的文字或者数字，并由记账人员在更正处盖章。对于错误的数字，应当全部划红线更正，不得只更正其中的错误数字。对于文字错误，可只划去错误的部分。

（二）由于记账凭证错误而使账簿记录发生错误，应当按更正的记账凭证登记账簿。

第六十三条 各单位应当定期对会计账簿记录的有关数字与库存实物、货币资金、有价证券、往来单位或者个人等进行相互核对，保证账证相符、账账相符、账实相符。对账工作每年至少进行一次。

（一）账证核对。核对会计账簿记录与原始凭证、记账凭证的时间、凭证字号、内容、金额是否一致，记账方向是否相符。

（二）账账核对。核对不同会计账簿之间的账簿记录是否相符，包括：总账有关账户的余额核对，总账与明细账核对，总账与日记账核对，会计部门的财产物资明细账与财产物资保管和使用部门的有关明细账核对等。

（三）账实核对。核对会计账簿记录与财产等实有数额是否相符。包括：现金日记账账面余额与现金实际库存数相核对；银行存款日记账账面余额定期与银行对账单相核对；各种财物明细账账面余额与财物实存数额相核对；各种应收、应付款明细账账面余额与有关债务、债权单位或者个人核对等。

第六十四条 各单位应当按照规定定期结账。

（一）结账前，必须将本期内所发生的各项经济业务全部登记入账。

（二）结账时，应当结出每个账户的期末余额。需要结出当月发生额的，应当在摘要栏内注明“本月合计”字样，并在下面通栏划单红线。需要结出本年累计发生额的，应当在摘要栏内注明“本年累计”字样，并在下面通栏划单红线；12 月末的“本年累计”就是全年累计发生额。全年累计发生额下面应当通栏划双红线。年度终了结账时，所有总账账户都应当结出全年发生额和年末余额。

（三）年度终了，要把各账户的余额结转到下一会计年度，并在摘要栏注明“结转下年”字样；在下一会计年度新建有关会计账簿的第一行余额栏内填写上年结转的余额，并在摘要栏注明“上年结转”字样。

第四节 编制财务报告

第六十五条 各单位必须按照国家统一会计制度的规定，定期编制财务报告。

财务报告包括会计报表及其说明。会计报表包括会计报表主表、会计报表附表、会计报表附注。

第六十六条 各单位对外报送的财务报告应当根据国家统一会计制度规定的格式和

要求编制。

单位内部使用的财务报告，其格式和要求由各单位自行规定。

第六十七条 会计报表应当根据登记完整、核对无误的会计账簿记录和其他有关资料编制，做到数字真实、计算准确、内容完整、说明清楚。

任何人不得篡改或者授意、指使、强令他人篡改会计报表的有关数字。

第六十八条 会计报表之间、会计报表各项目之间，凡有对应关系的数字，应当相互一致。本期会计报表与上期会计报表之间有关的数字应当相互衔接。如果不同会计年度会计报表中各项目的内容和核算方法有变更的，应当在年度会计报表中加以说明。

第六十九条 各单位应当按照国家统一会计制度的规定认真编写会计报表附注及其说明，做到项目齐全，内容完整。

第七十条 各单位应当按照国家规定的期限对外报送财务报告。

对外报送的财务报告，应当依次编定页码，加具封面，装订成册，加盖公章。封面上应当注明：单位名称，单位地址，财务报告所属年度、季度、月度，送出日期，并由单位领导人、总会计师、会计机构负责人、会计主管人员签名或者盖章。

单位领导人对财务报告的合法性、真实性负法律责任。

第七十一条 根据法律和国家有关规定应当对财务报告进行审计的，则务报告编制单位应当先行委托注册会计师进行审计，并将注册会计师出具的审计报告随同财务报告按照规定的期限报送有关部门。

第七十二条 如果发现对外报送的财务报告有错误，应当及时办理更正手续。除更正本单位留存的财务报告外，并应同时通知接受财务报告的单位更正。错误较多的，应当重新编报。

第四章　会计监督

第七十三条 各单位的会计机构、会计人员对本单位的经济活动进行会计监督。

第七十四条 会计机构、会计人员进行会计监督的依据是：

（一）财经法律、法规、规章；

（二）会计法律、法规和国家统一会计制度；

（三）各省、自治区、直辖市财政厅（局）和国务院业务主管部门根据《中华人民共和国会计法》和国家统一会计制度制定的具体实施办法或者补充规定；

（四）各单位根据《中华人民共和国会计法》和国家统一会计制度制定的单位内部会计管理制度；

（五）各单位内部的预算、财务计划、经济计划、业务计划

第七十五条 会计机构、会计人员应当对原始凭证进行审核和监督。

对不真实、不合法的原始凭证，不予受理。对弄虚作假、严重违法的原始凭证，在不予受理的同时，应当予以扣留，并及时向单位领导人报告，请求查明原因，追究当事人的责任。

对记载不明确、不完整的原始凭证，予以退回，要求经办人员更正、补充。

第七十六条 会计机构、会计人员对伪造、变造、故意毁灭会计账簿或者账外设账行为，应当制止和纠正；制止和纠正无效的，应当向上级主管单位报告，请求作出处理。

第七十七条 会计机构、会计人员应当对实物、款项进行监督，督促建立并严格执行财产清查制度。发现账簿记录与实物、款项不符时，应当按照国家有关规定进行处理。超出会计机构、会计人员职权范围的，应当立即向本单位领导报告，请求查明原因，作出处理。

第七十八条 会计机构、会计人员对指使、强令编造、篡改财务报告行为，应当制止和纠正；制止和纠正无效的，应当向上级主管单位报告，请求处理。

第七十九条 会计机构、会计人员应当对财务收支进行监督。

（一）对审批手续不全的财务收支，应当退回，要求补充、更正。

（二）对违反规定不纳入单位统一会计核算的财务收支，应当制止和纠正。

（三）对违反国家统一的财政、财务、会计制度规定的财务收支，不予办理。

（四）对认为是违反国家统一的财政、财务、会计制度规定的财务收支。应当制止和纠正；制止和纠正无效的，应当向单位领导人提出书面意见请求处理。

单位领导人应当在接到书面意见起十日内作出书面决定，并对决定承担责任。

（五）对违反国家统一的财政、财务、会计制度规定的财务收支，不予制止和纠正，又不向单位领导人提出书面意见的，也应当承担责任。

（六）对严重违反国家利益和社会公众利益的财务收支，应当向主管单位或者财政、审计、税务机关报告。

第八十条 会计机构、会计人员对违反单位内部会计管理制度的经济活动，应当制止和纠正；制止和纠正无效的，向单位领导人报告，请求处理。

第八十一条 会计机构、会计人员应当对单位制定的预算、财务计划、经济计划、业务计划的执行情况进行监督。

第八十二条 各单位必须依照法律和国家有关规定接受财政、审计、税务等机关的监督，如实提供会计凭证、会计账簿、会计报表和其他会计资料以及有关情况，不得拒绝、隐匿、谎报。

第八十三条 按照法律规定应当委托注册会计师进行审计的单位，应当委托注册会计师进行审计，并配合注册会计师的工作，如实提供会计凭证、会计账簿、会计报表和其他会计资料以及有关情况，不得拒绝、隐匿、谎报，不得示意注册会计师出具不当的审计报告。

第五章　内部会计管理制度

第八十四条 各单位应当根据《中华人民共和国会计法》和国家统一会计制度的规定，结合单位类型和内容管理的需要，建立健全相应的内部会计管理制度。

第八十五条 各单位制定内部会计管理制度应当遵循下列原则：

（一）应当执行法律、法规和国家统一的财务会计制度。

（二）应当体现本单位的生产经营、业务管理的特点和要求。

（三）应当全面规范本单位的各项会计工作，建立健全会计基础，保证会计工作的有序进行。

（四）应当科学、合理，便于操作和执行。

（五）应当定期检查执行情况。

（六）应当根据管理需要和执行中的问题不断完善。

第八十六条 各单位应当建立内部会计管理体系。主要内容包括：单位领导人、总会计师对会计工作的领导职责；会计部门及其会计机构负责人、会计主管人员的职责、权限；会计部门与其他职能部门的关系；会计核算的组织形式等。

第八十七条 各单位应当建立会计人员岗位责任制度。主要内容包括：会计人员的工作岗位设置；预备会计工作岗位的职责和标准；各会计工作岗位的人员和具体分工；会计工作岗位轮换办法；对各会计工作岗位的考核办法。

第八十八条 各单位应当建立账务处理程序制度。主要内容包括：会计科目及其明细科目的设置和使用；会计凭证的格式、审核要求和传递程序；会计核算方法；会计账簿的设置；编制会计报表的种类和要求；单位会计指标体系。

第八十九条 各单位应当建立内部牵制制度。主要内容包括：内部牵制制度的原则；组织分工；出纳岗位的职责和限制条件；有关岗位的职责和权限。

第九十条 各单位应当建立稽核制度。主要内容包括：稽核工作的组织形式和具体分工；稽核工作的职责、权限；审核会计凭证和复核会计账簿、会计报表的方法。

第九十一条 各单位应当建立原始记录管理制度。主要内容包括：原始记录的内容和填制方法；原始记录的格式；原始记录的审核；原始记录填制人的责任；原始记录签署；传递、汇集要求。

第九十二条 各单位应当建立定额管理制度。主要内容包括：定额管理的范围；制定和修订定额的依据、程序和方法；定额的执行；定额考核和奖惩办法等。

第九十三条 各单位应当建立计量验收制度。主要内容包括：计量检测手段和方法；计量验收管理的要求；计量验收人员的责任和奖惩办法。

第九十四条 各单位应当建立财产清查制度。主要内容包括：财产清查的范围；财产清查的组织；财产清查的期限和方法；对财产清查中发现问题的处理办法；对财产管理人员的奖惩办法。

第九十五条 各单位应当建立财务收支审批制度。主要内容包括：财务收支审批人员和审批权限；财务收支审批程序；财务收支审批人员的责任。

第九十六条 实行成本核算的单位应当建立成本核算制度。主要内容包括：成本核算的对象；成本核算的方法和程序；成本、分析等。

第九十七条 各单位应当建立财务会计分析制度。主要内容包括：财务会计分析的主要内容；财务会计分析的基本要求和组织程序；财务会计分析的具体方法；财务会计分析报告的编写要求等。

第六章　附则

第九十八条 本规范所称国家统一会计制度，是指由财政部制定，或者财政部与国务院有关部门联合制定，或者经财政部审核批准的在全国范围内统一执行的会计规章、准则、办法等规范性文件。

本规范所称会计主管人员，是指不设置会计机构、只在其他机构中设置专职会计人员的单位行使会计机构负责人职权的人员。

本规范第三章第二节和第三节关于填制会计凭证、登记会计账簿的规定，除特别指出外，一般适用于手工记账。实行会计电算化的单位，填制会计凭证和登记会计账簿的有关要求，应当符合财政部关于会计电算化的有关规定。

第九十九条 各省、自治区、直辖市财政厅（局）、国务院各业务主管部门可以根据本规范的原则，结合本地区、本部门的具体情况，制定具体实施办法，报财政部备案。

第一百条 本规范由财政部负责解释、修改。

第一百零一条 本规范自公布之日起实施。1984 年 4 月 24 日财政部发布的《会计人员工作规则》同时废止。